だれも教えてくれない
教師の仕事の流儀と作法
― 信頼され、敬愛される教育者となるために ―

監修者	寺尾	愼一
編集者	永冨	淳一
執筆者	大和	淳
	山下	英俊
	榎田	也寸志
	木原	貞美
	羽原	哲男
	水上	栄一
	宮下	修司
	坂田	紳一
	篠崎	勝博
	日高	孝一
	宮内	健二

協同出版

監修のことば

　本書を、教職に就く志をもつ若い人のために刊行しました。本書の執筆陣は、教員採用に向けた就職支援、各種の実習、そしてボランティア活動推奨のための専門スタッフとして、長年にわたる教職経験や校長等の管理職経験を生かし、本学において現在、特命教授として勤務している方々です。それに本学の教授及び副学長が加わり、総勢13名で本書を執筆しています。
　その際留意したことは、本書の表題『教師の仕事の流儀と作法』に謳ったように、それぞれの執筆者の個性や持ち味が各人の「流儀」として文章に現われるよう努めました。また、教師として児童生徒の前に立つ者にふさわしい「作法」が見てとれるようにしました。様々な個性や多様性をもつのは、何も児童生徒だけに限ったことではありません。教師にも個性や多様性があり、それを生かすことが重要だからです。本書において各章の書きぶりがそれぞれに多少とも異なるのは、そのためです。
　他方で、教師は、個性や多様性だけを競う職業ではありません。そこには、教師と呼ばれるのにふさわしい立ち居振る舞いや発言、及びそれらの根拠となる判断が、「なるほど、そうだ。」と、より多くの人々から賛同を得られるものでなくてはならないでしょう。それゆえ、そのことを教師という職業人に共通して認められる「作法」と呼んだのです。ついては、本書の各章を、こうした観点を踏まえて読んでいただければと思います。
　なお、表題の前に付けた「だれも教えてくれない」という文言についても一言、触れておきたいと思います。それは、決してすねた物言いではありません。また、秘密めいた言い方で秘策を授けようという趣旨でもありません。
　そうではなくて、教師の仕事は、教えてもらったらすぐにできるようになるほどに安直ではないということを申し上げたいと思います。
　教師にとって自ら学ぶことはもとより重要ですが、座学にとどまらず、自ら

実践してみること、そしてその成果を同僚や先輩、あるいは上司の人や専門家に評価してもらい、自らも省察し、そのうえで改善策を考案し、それを再度試して納得を深めていく不断の努力を要する職業だということです。このように、教師は、学び続ける者として自らで仕事を体得していく存在であるという意味を込めて、この文言を選びました。

　本書に書かれた内容は、信頼され敬愛される教育者となるためには、いずれも必要かつ重要な事項ばかりです。しかし、本書では学説的なことにはあまり踏み込まないようにしました。その意図は、先に述べた流儀と作法にあります。各執筆者がそれぞれの思いをもとに、若い世代、すなわちこれから教職をめざす若い人たちに向けて、自らの経験を踏まえて励ましのエールを送る気持ちで執筆してもらいました。

　ところで、私どもの大学ではミッションの再定義により教員就職率90％の目標を掲げ、それを達成するために、果敢に改革を進めてきました。そこでは従前の専門教科領域ごとに集う教育組織を改めて、「教職教育院」という独自な教育組織を設け、クラス担任制の下、初等教育、中等教育、特別支援教育の課程ごとに、4年間にわたり盤石な資質・能力を培う教員養成を行う所存です。

　各課程の新カリキュラムがその内実を担保します。加えて、「英語習得院」での話せる英語力強化の事業とボランティア活動の推奨による人間力を磨く取組が、本学の教員養成を下支えします。また、高い教員就職率をめざす教員採用試験合格に向けた特別講座の継続開催、教員研修の拡充、大学院の再編と充実が、本学改革を強力に援助するように措置しました。

　本書の執筆陣は、こうした改革を率先して推進している有力なメンバーでもあります。教師という職業は自らの生涯をかけて取り組むに値する素晴らしい職業です。本書により、そのことを予感し、教職への道を選択する若者が勇気を奮い立たせてくださることを希望し、祈念いたします。

　末尾になりますが、本書の刊行にあたり最良のご理解とご配慮をいただいた協同出版株式会社代表取締役社長の小貫輝雄様に深甚の感謝を申し上げます。

　　平成29年4月

　　　　　　監修者　国立大学法人福岡教育大学　教職教育院院長　寺尾愼一

だれも教えてくれない教師の仕事の流儀と作法
―信頼され、敬愛される教育者となるために―

● 目　次 ●

監修のことば・1

第Ⅰ部　教職キャリアを高めるために

第1章　学校教育について考える …………………………………… 8
　　１　学校教育への期待・8
　　２　学習指導要領は何のためにあるのか・12
　　３　具体的な教師像を描く・16

　　●コラム１　学習指導要領とは・24
　　●コラム２　コンプライアンスって何？・24
　　●コラム３　PTAとどう付き合うか？・25

第2章　魅力ある教師 ………………………………………………… 26
　　１　魅力について考える・26
　　２　めざす教師像・27
　　３　教師に求められる資質・能力・30
　　４　教師の「人間性」、「専門性」、「社会性」・33
　　５　求められる教師の立ち居振る舞い・38

　　●コラム４　見届けができる教師・43

第3章　教師の仕事 …………………………………………………… 44
　　１　教師の仕事の魅力と使命・44
　　２　教員の身分と服務・47
　　３　学級担任の仕事・56
　　４　学級担任の１日・58

　　●コラム５　朝の会は、１日のスタート！・62
　　●コラム６　４月は、信頼関係の構築に全力を注ぐ・62

第4章　学級経営 ………………………………………………… 63

- ① 学級経営の意義と内容・63
- ② 学級目標と目標設定の手順・65
- ③ 主体的な態度の育成をめざす学級づくり・70
- ④ 学級づくりを支える取組・73

● コラム7　受容・傾聴・共感の姿勢・79
● コラム8　忙しさは教師を育てる・79

第5章　学習指導 ………………………………………………… 80

- ① 学習指導についての基本的な考え方・80
- ② 求められる学力と学習過程・83
- ③ 授業の鍵となる目標と活動・86
- ④ 具体的な方法の工夫・92

● コラム9　大学生としての学び・96
● コラム10　ほめることと甘やかすこと・97

第6章　生徒指導 ………………………………………………… 98

- ① 生徒指導の考え方・98
- ② 児童生徒理解・100
- ③ 教育相談・102
- ④ いじめ・104
- ⑤ 不登校・108

● コラム11　体罰について・111
● コラム12　一生の師であれ・111

第Ⅱ部　教師をめざすために

第7章　学生生活を通しての学び ……………………………… 114

- ① 大学生としての学びの姿勢・114
- ② 学生ボランティア活動の意義とその取組・115
- ③ 学生ボランティア活動の具体事例・124
- ④ 学生ボランティア活動の評価・127

- コラム13　出会いはあいさつが決め手・131
- コラム14　ボランティア活動のすすめ・131

第8章　教育実習を意義あるものに……………………………………… 132

1. 教育実習とは・132
2. 教師の仕事がわかる「体験実習」・136
3. 授業の仕組みがわかる「基礎実習」・138
4. 実際の教壇に立つ「本実習」・141
5. 教師を丸ごと体験する「教育総合インターンシップ実習」・146

- コラム15　板書を見れば、教師の力量がわかる・148
- コラム16　教科書について・148

第9章　教員採用試験に向けての心構え ……………………………… 149

1. 教員採用試験とは・149
2. 教員採用試験に向けての準備・153
3. 筆記試験対策のポイント・155
4. 面接試験対策のポイント・160
5. 教員採用試験のための講座・166

- コラム17　教員採用試験は、団体戦・169
- コラム18　この夏さえ過ぎれば・169

第10章　教員生活に関わる法規や制度の仕組み ………………… 171
〜教員をめざして大学での学びを開始するにあたって〜

1. 大学において教育法規を学ぶ理由と意義・171
2. 教員をめざすうえで理解しておきたい教員免許制度・173
3. 教職としての一日の業務に関わる教育法規の例・176

- コラム19　指導要録とは・188
- コラム20　有給休暇とは・188

編集を終えて・190

第Ⅰ部

教職キャリアを高めるために

第1章
学校教育について考える

1 学校教育への期待

　新聞や雑誌等で学校教育に関する記事を目にしない日はありません。毎年4月に実施される「全国学力・学習状況調査」の結果については秋頃に第1面の記事になります。受験シーズンには志願状況や出題された内容が大きなスペースを割いて報道されます。地域の中で児童生徒による特色ある活動が行われていると、特集記事で紹介されることもあります。また、いじめを受けて尊い命を自ら絶ってしまう痛ましい事件が発生すると、原因の究明を求める記事、学校の対応状況、専門家の分析などが連日のように報道されます。教員の不祥事が社会面を埋めることもあります。

　どのような事業であっても、新たな取組を始めたり何かトラブルが発生したりした場合には、新聞、テレビ、雑誌等で取り上げられることがあります。中でも学校教育に関する内容は、特に注目を集める記事になることが多いように思われます。それはおそらくほとんどの国民が学校教育を受けたことがあり、教育に関する出来事を自分の経験と重ね合わせたりしやすいため、身近な問題として捉えられるからでしょう。教育に関しては誰もが一家言を持っているというのはそういうことです。

　身近に感じられ、社会的な関心が高い課題ではありますが、学校という一つの社会的単位の中で一定の系統性に基づいて行われる教育の営みは、実は専門

第1章　学校教育について考える

性が高く豊富な知識と経験がその成果を大きく左右します。親などの保護者がその子弟子女に基本的なしつけをする家庭教育と、子供の心身の発達に合わせて社会性を育みながら、知識・技能とそれらを活用する力を系統的に身に付けさせる学校教育とは、当然に役割が異なりますので、学校には子供が社会の一員として成長することを支援するために教師の専門性を発揮することが求められているはずです。そのために教員免許の制度も設けられているのです。

　ただ近年は子供の教育に関することのかなり多くの部分を学校に期待する風潮も見られます。公立の学校であればなおさらです。そのように市民に期待されるのはありがたいことと言ってもよいのかもしれませんが、どんな期待にも学校が100％応えるという保証はできません。とはいうものの「学校がするべきこと、できることはここまで」とある日突然に画然と線を引くようなこともできません。ではどうするか。今日の学校現場はこの課題に取り組んでいます。

　その一つは、学校が地域社会の構成単位の一つとして、住民から見て上でもなく下でもない位置で運営されていくことを指向しています。地域社会から隔絶した（あるいは孤立した）組織としての学校が子供の教育をすべて請け負うのではなく、学校の教職員が地域の様々な構成員とともに「地域の子供」を育てようという発想です。地域の関係者全体で課題を共有し、それぞれの持ち場で連携、協働することによって、みんなが教育の成果が享受できるようにするためには、学校自身が教育活動を含むあらゆる運営状況を地域に広く公開することが必要です。これは英国などで展開されているコミュニティ・スクールに似通った仕組みですが、それらの国の仕組みでは教員の任免権まで地域の運営組織（学校理事会）がもつことになっているため、日本の教育公務員制度にはなじみにくい面もあります。日本の制度でも、地域の学校運営協議会は教育委員会に対して教員の人事に関する意見を述べることができる[1]ことになっています。しかし、学校と地域社会との信頼関係が厚い地域の場合にはこのような

1　「地方教育行政の組織及び運営に関する法律」第47条の5の規定において「学校運営協議会は、当該指定学校の職員の採用その他任用に関する事項について、当該職員の任命権者に対して意見を述べることができる。」とされている。

規定があったとしても、それにとらわれず円滑に運用されている例も多い一方、教員の人事権に関する運用を地域社会と学校の双方が気にするあまりに相互の連携が進みにくいというところがあるかもしれません。

地域の歴史や文化的環境はもとより、その土地が新興開発地域なのか古くからコミュニティが形成されてきたのかといった社会的背景、さらには住民の世代別構成の違い、産業の種類や就労状況の違いなどによって地域社会の事情は異なります。そのため、「こうすれば地域社会との連携を図ることができる」というような簡単なマニュアルはありません。「学校と地域社会との信頼関係」と一言で言うのは簡単ですが、実際にそれを構築するには地道で継続的な取組が必要です。

学校への多様な期待が高まっている現状で、学校自身がその責務を全うするためには地域の協力や支援を積極的に仰ぐ必要があります。今後、日本版のコミュニティ・スクールは拡充していく可能性がありますので、これから教員になることをめざす人には「地域とともにある学校」の視点が重要になるでしょう。なお、このことは主として公立学校を取り巻く課題であり、私立学校においては建学の精神などを踏まえ学校法人が地域との関係をどう考えるかによります。

今日の学校が取り組んでいるもう一つの課題は、教員の資質や能力をどうやって高めるかということです。教員養成課程に学ぶ皆さんは、教職や教科に関する専門科目を学び、教育実習において児童生徒との直接的な触れ合いを実践的に経験して教員になっていくわけですが、大学に在学した4年間で学んだことだけで将来にわたる教員としての能力のすべてが身に付くわけではありません。教員として採用された後も計画的・継続的な研修によってその資質や能力を高めていくことが求められます。これは社会の変化の中で子供たちに知識・技能やそれらを活用する力を身に付けさせるためには、指導する側もその能力を常に新たな情勢に対応して更新していかなければならないからです。

教員研修については、法令上、任命権者が初任者研修、中堅教諭等資質向上研修を実施することが義務付けられています[2]。初任者研修では採用後1年の間

---

2 「教育公務員特例法」第23条及び第24条に任命権者の実施義務が規定されており、これに基づき任命権者が研修計画を立てている。

に先輩の指導教諭の下での校内研修や宿泊研修などを含む校外研修を行うことになっています。中堅教諭等資質向上研修は従来、「10年経験者研修」といっていました。しかし、全国の教員の勤務年数区分別の割合について、勤務年数が5年未満の教員と勤務年数が10年以上15年未満の教員とを比べると、従来は後者の方が高かったのに、近年は前者が相当高くなっており、つまり、先輩教員として指導する側の者の規模が指導を受ける側の者の規模に合っておらず年齢構成や経験年数の不均衡が生じています。このようなことから、形式的に10年程度経過した者に対する研修というよりも、(経験年数に関わらず)学校内でミドルリーダーとなるべき人材育成のための研修と位置づけ直した方が、現場の教員全体の資質向上に資すると考えられたため、平成28年に法改正がなされたものです。

　ただ、法律が改正されれば自動的に教員の資質が向上するものではありません。前述のような地域との連携を強めていかなければならない状況のほか、新しい学習指導要領の改訂の趣旨を踏まえた指導方法の改善、教員自身が時代の変化に対応して求められる資質を生涯にわたって高めていける力の育成など、取り組むべき課題は山積しています。そこで教員同士がそれぞれの力を生かした校内研修に力を入れる学校も増えてきているようです。つまり、特定の指導教員や教育センターなどだけが初任者等の研修に当たるのではなく、同じ学校の同僚が校内研修で互いに知識技能を磨き合い、必要に応じて教育委員会の指導主事などがそれを支援する方式です。これによれば研修に参加するために学校を離れなければならないとか、集団型の受け身一方の研修ではなかなか主体的・能動的になれないといった課題も解決でき、若い教員の力も伸びていると考えられているようです[3]。教員がその資質を向上させるために生涯にわたって学び続けることが期待されている今日、このようなOJT（On the Job Training）はますます重要になるでしょう。

　さらにこのような研修の工夫に加え、学校が教員を中心としつつ多様な専門

3　OECD（経済協力開発機構）が実施している「国際教員指導環境調査（TALIS）」の2013年調査では、日本の教員は、職能開発の形態として「他校の見学」が他国の教員と比べて突出して高いという結果があり、教員同士で資質を高め合おうという傾向がある。

性を持つ人材と効果的に連携し、一体となって課題解決に当たろうという発想が指向されています。いわゆる「チーム学校」です。組織がチームであるということは当然といえば当然なのですが、教員という専門家に期待が集まることとも相まって、教員自身もその部分社会の中だけで解決しようとする嫌いがあったかもしれません。市民の側から見ると学校が閉鎖的であると映るのもその延長線にあるのでしょう。しかし、すでにスクールカウンセラーや学校司書など教員とは異なる専門職が学校の中で一定の役割を果たしている現在の仕組みを一層拡充し、例えば部活動の指導者に一定の責任も付与してチーム学校の一員として参画してもらったり、特別支援教育の支援員やICT（Information and Communication Technology）の支援員などにも参画してもらったりすることにより、教員ができるだけ教育指導に力を傾注できるようになることが期待できます。

　このようにこれからの学校には「チーム学校」という発想を取り入れ、教員のみで構成された組織という意識から脱却して、多様な専門スタッフをチームに組み込んで運営していくことになるでしょう。そしてそのことが結果的に児童生徒への教育を手厚くすることになっていくわけです。

2　学習指導要領は何のためにあるのか

　平成29年3月31日、小学校及び中学校の新しい学習指導要領が告示されました。教員養成課程に学ぶ皆さんは、様々な授業科目で資料として学習指導要領を参照することも多いでしょう。

　今回改訂された新しい学習指導要領に記載されている内容自体の説明については関係する授業科目での学修の場に譲り、ここでは、なぜ学習指導要領が規定されているのかといった側面から考えてみましょう。

　児童生徒の興味・関心や能力・適性は多様なのだから、学習する内容の基準などを一律に定めずに一人一人の個性に応じた教育を施すことがよいという考え方ができるかもしれません。江戸時代の寺子屋はまさにそうでした。しかし、成熟した近代社会ではそういうわけにもいきません。一方、国が教育のす

べてをコントロールし、各学校での教育の内容を一律に管理するような方法については、開発途上国などで国民の教育水準の向上を図るにも地域や民間に教育課程やその基準を策定する力がまだないような場合であればまだしも、今日の我が国では問題があります。

　公立学校を設置する自治体に教育課程に関することをすべて委ねることも考えられますが、例えば自治体の財政力や首長の考え方によって提供する教育の内容に格差が生じれば、日本国憲法の「すべて国民は、法律の定めるところにより、その能力に応じて、ひとしく教育を受ける権利を有する」（第26条第1項）の規定にも抵触することになってしまうかもしれません。各学校に委ねるとしても同様のことが生じます。こう考えると、国が一律に教育内容を管理することも、設置者又は各学校の裁量に委ねることも、それぞれ問題があるように思えます。ただ国民の立場からは、どこに住んでいても同じ内容・程度の教育を受けられるようにするという要請は重要です。また、もし高等学校までの教育内容に全国的な共通性がなかったら、大学入試についてもどのような出題が適正なのかという判断が難しくなり、一定の共通性を求めることにも合理性が生じてくるでしょう。

　このような課題を考えるにあたり、「教育課程」と「教育課程の基準」の用語の違いを整理しておきましょう。「教育課程」とは、教育基本法や学校教育法の定める教育の目標を踏まえて学校の設置者及び各学校が定めた目標が達成できるよう、学校が編成する教育の計画です。そして「教育課程の基準」とは、その教育課程を編成するための全国共通の基準です。

　つまり、教育課程を編成するのは各学校なのですが、学校が教育課程を編成するにあたって準拠する全国共通の基準を国が策定することにより、地域の違いによって国民として能力に応じて等しく教育を受ける権利が損なわれることがないようにしているわけです。この教育課程の基準が学習指導要領です[4]。し

4　「学校教育法施行規則」では、第50条で教育課程における教科等の区分、第51条で教科等の標準授業時数を規定し、第52条で「小学校の教育課程については、この節に定めるもののほか、教育課程の基準として文部科学大臣が別に公示する小学校学習指導要領によるものとする」と規定している（中学校及び高等学校等についても同様の規定がある）。

たがって、学習指導要領の内容は、各学校の創意工夫が生かされるようにすることも考慮して大綱的なものになっています。かつてはこの基準性について、(詰め込み教育になってしまってはならないという意識から)「～は扱わないものとする」などの記述に拘束され、これ以上の内容は指導してはならないといった上限規定のように運用されがちであったのですが、平成15年12月の学習指導要領の一部改正により、こうしたいわゆる歯止めのような考え方はなくなり、すべての児童生徒に対して指導する内容の範囲や程度を示したものであって、学校において特に必要がある場合にはこれらの事項に関わらず指導できることが明確にされました。簡単に言うと、学習指導要領は最低基準であって、児童生徒一人一人の興味・関心や能力・適性の実態を踏まえ、それがより適切と判断できる場合には学習指導要領に示されていない（より詳しいレベルの）内容を指導しても構わないということです。

ちなみに、同じ内容・程度の教育を保証する仕組みとしては、諸外国では例えば国際バカロレア、英国のGCE（General Certificate of Education）、米国のSAT（Scholastic Assessment Test）やACT（The American College Testing Program）などのような大学入学資格試験により高等学校の外から認証するものもあります（つまり、これらは小・中・高等学校が提供する教育内容の基準ではなく、本人の学習成果を客観化するものです。）。

なお、日本でも、高等学校への進学率が高まり中等教育を修了する生徒の実態が極めて多様になっていること、初等中等教育を通じて「生きる力」や「確かな学力」を身に付けるための学習を充実させていこうとしていること、大学において学士力を確実に身に付けさせるため、アドミッションポリシーに基づいた、入学希望者の多様性を踏まえた公正な入学者選抜に取り組んでいることなどを背景に、高等学校と大学との間の接続の在り方が検討され、「大学入学希望者学力評価テスト（仮称）」や「高等学校基礎学力テスト（仮称）」といった仕組みの導入が示されていますので[5]、今後、教育の内容・程度を保証する仕

---

5 「新しい時代にふさわしい高大接続の実現に向けた高等学校教育、大学教育、大学入学者選抜の一体的改革について」(平成26年12月22日中央教育審議会答申) やその後の「高大接続システム改革会議最終報告」(平成28年3月31日) を参照。

〈参考〉表1-1　これまでの学習指導要領（小学校・中学校）の改訂の経緯

告示	実施（施行）	内容の特徴
（昭和22年～31年は学習指導要領の「試案」が発行されている。）		
昭和33年10月1日	昭和33年10月1日	基礎学力の充実（国語、算数の時数の増加）、科学技術に関する指導の強化 道徳の時間の新設
（小学校）昭和43年7月11日	（小学校）昭和46年4月1日	教育内容の一層の向上 「教育内容の現代化」 時代の進展に対応した教育内容の導入（算数における「集合」の導入等）
（中学校）昭和44年4月14日	（中学校）昭和47年4月1日	
昭和52年7月23日	（小学校）昭和55年4月1日	ゆとりある充実した学校生活の実現＝学習負担の軽減 各教科等の目標・内容を中核的事項に絞る
	（中学校）昭和56年4月1日	
平成元年3月15日	（小学校）平成4年4月1日	社会の変化に自ら主体的に対応できる心豊かな人間の育成 「生活科」の新設、道徳教育の充実
	（中学校）平成5年4月1日	
平成10年12月14日	平成14年4月1日	完全学校週5日制の下で、自ら学び自ら考える力などの「生きる力」の育成 教育内容の厳選、「総合的な学習の時間」の新設
平成20年3月28日	（小学校）平成23年4月1日	教育基本法等の改正で明確になった教育の理念を踏まえ、「生きる力」を育成 「ゆとり」か「詰め込み」かという二項対立的議論からの脱却 知識・技能の習得と思考力・判断力・表現力等の育成 授業時数の増加
	（中学校）平成24年4月1日	
平成29年3月	（小学校）平成32年4月1日	社会に開かれた教育課程 「どのように学ぶか」「何ができるようになるか」の視点 学習過程の質的改善（アクティブ・ラーニングの視点）
	（中学校）平成33年4月1日	

組みが多元化していくことも考えられます。

③ 具体的な教師像を描く

　教員養成課程に入学した皆さんのほとんどは教員として社会で活躍することをめざしているでしょう。ではそれを志望した動機、きっかけは何ですか。自分が指導を受けた教員を尊敬し憧れた、自分の家族が教員でその仕事をする姿に惹かれた、子供の成長を見守り支える職業にやりがいを感じた、ドラマ、映画、小説などに登場する教員の姿に感動し憧れた、公立学校の教員は社会的地位もあるし安定していると思った…。

　教員に限らず、近年、就職後3年以内の離職率が高くなっていると言われます。平成28年10月に厚生労働省が公表した「新規学卒者の離職状況」によれば、平成25年3月に大学を卒業した者の30％以上が、卒業後3年以内に離職しています。それを産業別にみると、「教育・学習支援業」は47.3％で、「宿泊業・飲食サービス業」、「生活関連サービス業・娯楽業」に次いで高い割合になっています。その理由は一様ではないでしょうが、就職してみて本人が想定していた仕事の内容と実際との間に大きな差があったのかもしれません。

　教員をめざす場合、在学中に当然ながら教育実習に参加し、教員としての活動に携わりますが、担当する授業の準備に追われるなど限られた時間はあわただしく過ぎてしまいます。そのため、教育実習以外でも学校支援ボランティアなどの機会を通じて学校の様々な実態を肌で感じておくことは重要です。教員をめざしたということはおそらく過去に素晴らしい教員に出会ったことがあるのではないかと思われますが、自分自身が児童生徒として経験した学校生活ばかりではないということを広い視野で見通したうえで、できるだけ現実に即して新たな教師像を描くことによって、いざ教壇に立った時に慌てることなく対応できるようになるでしょう。

　実践力のある教員となるためには教科に関する指導力を高める必要があることは当然のことですが、職場での対応力も重要です。そこで、ここでは教員を取り巻く様々な関係者との間で心得ておきたいことを、以下の（1）から（5）

までの当事者区分に即して紹介します。次章以降でも個別の課題にどう対処すればよいかについて詳しく具体的に解説していますが、学校ではこんなことが生じるかもしれないということをイメージできるようになっていると、適切な対応も取りやすくなると考えられます。

（1）教員と児童生徒

学校の中での最も基本的な人間関係です。子供とコミュニケーションをとればとるほど子供はそれを吸収します。その結果、彼らが目に見えて成長していくことが実感できれば教員冥利に尽きるというものです。

幼稚園や保育所から小学校に入学したばかりの頃、抽象的な概念がつかめるようになる頃、思春期を迎える頃など発達の節目がありますが、個人差も大きい時期には一人一人に応じた対応が重要です。近年は少子化が進んでいますので、兄弟姉妹が少ない、近所で遊ぶ同じ年ごろの子供が少ない、家の中での一人遊びが多いなどから人との交流が苦手な子供もいます。もちろんサッカーや水泳などのスポーツに幼い頃から取り組んで活発な子供もいます。またさらに、以前であればあまり気づかれることがなかった発達障害のある子供への認識も高まり、特別の配慮が必要という意識が共有されるようになっています。

「子供たちに愛情をもって接する」と簡単に言いますが、30人前後の子供たちを一人一人毎日見守り支えるためには相当なエネルギーが必要なことは確かです。ただ子供が好きだからというだけでは務まりません。教育実習に参加すると、児童生徒たちが自分に親しんでくれるのがうれしくてやりがいを感じる一方、その児童生徒が活動の節目ごとに担任の指示にきびきびと従う様子を見ると、自分と担任との力の差を感じて自信をなくす学生も少なくないのですが、むしろそれは当たり前と考えた方がよいでしょう。経験や苦労の積み重ねがあってこそ、児童生徒が成長した姿を目にした時の感動が大きくなるものです。

（2）教員と保護者

保護者との間で良好な関係を保つことが重要であることは理解できると思い

ますが、それが経験の浅い教員にはなかなか容易ではないことも事実です。

　かつては子供の教育は母親の役割という時代もありましたが、男女共同参画が進み女性が社会で大いに活躍する社会になっている今日、母親が職業を持っているかどうかは問題ではなくなっています。確かに日中に学校に出向いてもらうことなどは難しくなってきているかもしれませんが、そのような緊急事態よりも日頃から児童生徒の学校での生活状況を的確に伝えられているかどうかということが重要です。何か事件が発生した時だけ連絡するというような体制である場合ほど、その事後処理が難しくなってしまう傾向があるようです。

　連絡帳、手紙、学級通信など、日常の連絡のとり方は様々ですが、担任それぞれの工夫が見えれば見えるほど教員への信頼は厚くなるものです。採用後間もない教員であっても、保護者から見れば担任は学級経営の責任者です。もちろん、万一の事態が生じた場合は担任一人が抱え込むのではなく、学校が組織として対応する必要がありますが、平時からコミュニケーションを深め、保護者との間の信頼のパイプを太くするのは担任の職務です。

　ところで、学校に限らず職場に対して苦情や厳しい（場合によっては理不尽とも思える）主張をしてくる人はいます。それをクレーマーとかモンスターペアレントとかというかどうかは別として、責任ある対応は必要です。学校でもその他の職場でも、そのような相手に上手に対応できる人がいます。その特徴は、まずは真摯に相手の主張に耳を傾けるということのようです。すべて相手の主張に沿うように対応する必要があるわけではありませんが、何が不満なのかを洗いざらい吐き出してもらわないとなかなか次に進めません。直ちに解決することが困難な課題でも、少しずつ整理するという姿勢がカギになるでしょう。学校で対応する場合でも、保護者の場合はおそらく子供を思うあまりにという気持ちで来ているのですから、その気持ちを理解して複数の教員で話を聴くようにし、若い教員が一人で対応してはいけません。その際、事実関係を正確に上司に報告しておくことが重要です。また、一度謝ってしまうと相手がさらに増長してくるので謝ってはいけないといいますが、明らかに誤っている場合には、間違った点を明らかにして非を認める必要もあります。根気よく話を聴いたうえで、どう解決するかを一緒に考えようという姿勢を感じてもらうこ

とが重要です。そのうえで、相手方が暴力的になったり、通常のコミュニケーションが取れなくなったりしたような場合には非常事態としての判断を校長に仰ぐことになります。

（3）教員と地域社会や関係機関

前項でも述べましたが、学校が地域社会と連携することがますます重要になっています。ただ、学校が、例えば自治会や商店会に協力してほしいとお願いをすれば、二つ返事で希望どおりの協力をしてくれるというものではありません。単発の特定の取組であればそのようなこともあるかもしれませんが、地域全体で地域の子供を育てようという考えの下での連携は息の長い取組である必要があります。その時の自治会の役員が好意的で協力的だったからたまたまうまくいっただけということでは成功とは言えません。

現実には、例えばコミュニティ・スクールになって学校運営協議会が組織され、地域の関係者がその委員を引き受けてくれても、学校運営協議会の裏方の作業は学校が担わなければならないケースも多いようです。学校運営協議会はある意味では学校の教育活動を側面から支援する（もちろん評価もする）わけですが、現実には支援される側が支援する側の手伝いをするというようなことも生じることがあるのです。

そのような過渡期を経てようやく真に地域の信頼を得られる学校になるわけで、ある学校の運営協議会の関係者に話を聴くと、「あの先生が頑張っているから自分たちも一肌脱ごうと思った」という声が聞かれます。子供たちの環境を少しでもよくしようとしている教員の姿を地域の人に認めてもらうことによって、ようやく連携が図られるのです。

また、生徒指導上の問題への対応を考えると、学校運営協議会に関わる地域団体が担う固有の役割もありますが、児童相談所、警察などの専門機関、スクールカウンセラー、スクールソーシャルワーカーなどの専門家との協力関係も大切です。

とかく学校は、学校で起こった問題は学校内で解決しなければならないと閉鎖的になりがちでしたが、問題の性質によって高度な専門性をはらむ事柄につ

いて教員だけで解決しようとするのは困難です。もちろん学校としてはプライバシーを含め教育上の配慮をしなければならない部分はありますが、そのことはそれらの専門機関も同様です。学校が問題事案を専門機関に丸投げするようなことはあってはなりませんが、関係機関と連携を取り合って児童生徒が健全に成長できる環境を確保するようにすることが重要です。地域にはそのための連絡協議会のような組織が設けられているので、例えば薬物乱用、変質者への対応、少年非行、いじめ、居場所づくりなどについて情報交換をすることができることも知っておくとよいでしょう。

　最近は、近隣の家庭という意味での地域との関係にも配慮が必要です。都市部の住宅地では子供の声などが騒音であるといったような苦情が学校に寄せられることもあります。運動会シーズンになるとピリピリしてしまうという学校もあるようです。児童生徒が元気に活動して聞かれる歓声や物音は、道路や飛行場の騒音とは違うものですし、少子化を憂う雰囲気が多い中、未来の社会を担う子供たちが活発で健やかに育つことを温かく見守ってほしいとは思いますが、静穏が必要な事情がある家庭もあるのかもしれません。地域社会が地域の子供を育てるという考え方にもつながりますが、例えば児童生徒が学校周辺での挨拶運動に取り組んだり、通学路付近の緑地帯などで季節ごとの花を育てる活動をしたり、あるいは学校の行事に地域の方々を招待したりしている学校では、近隣住民との関係も良好だということです。苦情を言われないようにするためにそのようなことをさせているわけでは決してありませんが、学校が積極的に地域の一員として溶け込んでいくような活動を進めることによって、地域社会が学校を見る目は変わってくるというよい例だと思います。また、児童生徒も自分たちが地域から見守られているということを感じられれば、行動や態度も変わってくるものです。

（4）教員と同僚（接続する学校の教員を含む）

　職場の同僚との関係づくりは学校に限った課題ではありませんが、一般企業等の組織であれば、課長、係長、主任、係員といった職階が明確で、仕事は上司の決裁を受けて実行するという方式が多いのに比べ、教員は、担任になれば

若いかベテランかに関わらずその学級の運営の責任者として行動します。子供たちに対する日常の指導についていちいち決裁を仰ぐことはしません（もちろん、校長の権限に属することは勝手に判断することはできません。）。それが免許を持つ専門職たるゆえんです。初任者の時期は条件付き採用期間でもあるため、指導教諭の指導の下で判断の仕方などを学びますが、担任としての振る舞いができるようになることをめざした準備期間であるわけです。

　この「担任としての振る舞いができるようになること」は教員として独立することではありません。担任になれば一義的に学級経営の責任を委ねられますが、あくまでも教員は学校という教育組織の一員です。上司や同僚との良好な関係が構築されることで、例えば新人が先輩からの助言を受ける、校内で発生した問題への対処策を同僚の間で検討する、指導法の改善を共同で研究する、クラス編成を工夫して共同で指導する、校内共通の事務事業を分担して処理するなどの業務が円滑に進みます。教員になればすべての責任を負わねばならないと、あらゆることを抱え込むのではなく、同僚が協力して互いの力量を高め合うという意識を全教職員が持つようにすることが大切です。

　また、校外の教員との交流も大切です。近年の制度改正で、従来の6・3・3制に縛られず、児童生徒や地域の実情に応じて必要な場合には、中等教育学校、義務教育学校などが設置できるようになってきました。これによって高校入試の負担を軽減してゆとりのある教育課程で確かな学力を身に付けるとか、いわゆる中1ギャップの問題を解消するなどの効果を期待しているものです。

　しかし、学校間の接続の円滑化はこのような制度を用いなければできないというものではありません。幼稚園と小学校とが緊密な連携をとり、子供たちが相互に交流する活動を重視した幼小連携でいわゆる小1プロブレムを解消しようとしたり、中学校の通学区域を単位とした学校運営協議会で複数の小・中学校を連携させてコミュニティ・スクールとして運営することにより、地域が丸ごと連携した継続教育（一貫教育）を行ったりする例も見られます。このように近隣の学校と情報交換をしたり効果的な教育の在り方を協議したりすることによって、工夫の種が見つかります。連携・協働にあたっては制度的な課題もあるのは事実ですが、学校を越えて関係者が知恵を出し合うことにより教育効

果が向上することも期待できるため、他校の教員と交流することには意義があります。多様な児童生徒の実態を考えると、特別支援学校の教員との交流も有益かもしれません。

　教員に限らず最近の若い世代には、直接的な人間関係を作ることが得意でない者が多いといった声が聞かれます。個人差もありますし、場面によって対応は異なるので、それが正しい指摘なのかどうかはわかりませんが、ネットワークを通じた場面では活発に交流するのに対して、現実の場面では他人との距離を置いておきたいという雰囲気はあるようです。ただ、児童生徒への対処が重要な仕事である教員には、人間同士のリアルな対話が大切です。校内・校外の別を問わず同僚としての交流の機会を設けることが、教員としての力量を高めるうえで大きな意味を持つと思われます。

（5）教員と行政組織

　公立学校の設置者は自治体の教育委員会であり、公立学校の教員は、地方公務員です。地方公務員法では「すべて職員は、全体の奉仕者として公共の利益のために勤務し、且つ、職務の遂行に当つては、全力を挙げてこれに専念しなければならない。」（第30条）と規定しており、教員の場合には、それに加え、教育公務員特例法により様々な身分的取扱いが定められています。これらの規定の内容については、大学で開講される教職の意義等に関する科目や教員採用後の研修の場などで詳しく学ぶことになります。なお、私立学校の場合には公務員に対する法律は適用されませんが、学校法人を所管する都道府県の監督を受けますので、行政組織と全く縁がないわけではありません。

　教育委員会の職務権限については、地方教育行政の組織及び運営に関する法律において、学校などの教育機関の設置、管理、廃止、財産の管理、教育機関の職員の人事、就学・入学・転学、教育課程・学習指導・生徒指導、教科書など広範な事項が規定されています（第21条）が、これらの全部を教育委員会自らが執行することは不可能ですので、実際には、学校における教育活動の相当部分を校長に処理させる体制になっています。児童生徒の教育のための学校ですから、児童生徒の実態を最も把握している学校現場の責任者に委任し、そ

の自主性や創意工夫を期待することが適切と考えられているからです。

　このように各学校の主体性を尊重しつつ、一方で、各学校において教育課程が適正に編成・実施されているか、特色ある教育活動に積極的に取り組んでいるか、教育上の課題に直面していないかなどを把握し、必要な助言や援助をするために教育委員会には指導主事が置かれています。指導主事は、「教育に関し識見を有し、かつ、学校における教育課程、学習指導その他学校教育に関する専門的事項について教養と経験がある者でなければならない」と規定されており、学校現場で教員として実践を積み重ねてきた教員がその職に就いています。したがって、通常の教育活動の実施については各学校に任されてはいても、指導の改善や充実について設置者である教育委員会に相談がある場合には、指導主事がその窓口になるということになります。

　もちろん新任の教員が直接に指導主事と連絡を取り合うという場面はないでしょうが、学校と行政機関との関係を理解しておくことは必要です。

　以上（1）から（5）まで、教員を取り巻いている様々な立場について、どのような関係にあるのかということを近年の動向にも関連させて紹介しましたが、将来教育現場に出て有為な教員として活躍していくためには、大学で学ぶ間に、ただ漠然と教員になりたいと思うのではなく、自分がどのような教員になるのかという像を具体的に描くことが非常に有益です。果たして想像どおりの状況になるかどうかはその時になってみなければわかりませんが、柔軟で引き出しの多い教員であってこそ、現場で力を発揮することができるのです。

●コラム1　学習指導要領とは

　全国どの地域で教育を受けても、一定の水準の教育を確実に受けられるようにするため、文部科学省では、学校教育法等に基づき、各学校で教育課程（カリキュラム）を編成する際の基準を定めています。これを「学習指導要領」といいます。

　「学習指導要領」では、小学校、中学校、高等学校及び特別支援学校ごとに、それぞれの学校種における教科等の目標や大まかな教育内容を定めています。また、これとは別に、学校教育法施行規則では、小・中学校の教科等の年間の標準授業時数等が定められています。各学校では、この「学習指導要領」や年間の標準授業時数等を踏まえ、地域や学校の実態に応じて、教育課程（カリキュラム）を編成しています（以上、文部科学省HP学習指導要領「生きる力」より引用）。

　「学習指導要領解説」は、学習指導要領に記されている語句の意味、解釈やその改訂の際の考え方などを教科ごとに詳しく説明するため、文部科学省が作成したものです。この解説には法的拘束力はありませんが、授業での指導や教科書作成の指針となっています。

●コラム2　コンプライアンスって何？

　「コンプライアンス」とは、「法令順守（遵守）」と訳されることが多く、法律や規則、ルールを守る行為のように用いられているようです。しかし、辞書を引くと、「（要求・命令などに）従うこと」という説明があり、必ずしも条文のようなものを守るだけの意味ではありません。企業でも学校でも行政組織でも、今日の社会では、法律にこう書いてあるからそれに従ったとか、こういう決まりになっているからその通りにしたという対応では通用しません。なぜそのようなルールがあるのかをよく考えると、背景にそのような社会の要請があるからだということがわかるはずです。つまり、ある行動をとるとき、形式的に規定を守ってさえいればよいのではなく、その行動が社会の要請に対応したものなのかを判断する必要があるということです。例えば法令や通知等においてかくかくしかじかの措置を取ることとされている場合、確かにそれに従ってさえいれば形式上は問題なさそうですが、子供の指導などに関わる事案の場合、その手続きによってどうする（どうなる）ことが期待されているのかをよく考える姿勢が重要です。

　学校教育の中で「地域や学校の実態に応じて」という用語がしばしば用いられるのは、形式的な判断に終始し一律の対応に終わってはいけないという意味を含んでいるのはないでしょうか。

●コラム3　PTAとどう付き合うか？

　PTA（Parent-Teacher Association）とはどのような組織なのでしょうか？多くのPTA組織は任意団体であり、権利能力や法人格はありません。また、それは保護者だけの組織ではありません。その名称が示すように、教師もその一員なのです。

　子供を学校に入学させるとその保護者はPTAの何らかの係を担当しなければならないといった慣例があります。そして、年度始めのPTAの会合では、その年度の係を誰が引き受けるのかについて、難しい調整がある場合が見られます。任意団体なので、役員や係の決め方にルールはありませんが、学校の歴史が長くなると、PTAの活動形態も固定化してしまう傾向があるのも事実です。その結果、「去年この活動をしたから今年もしなければならない」、「役員や係は何人決めなければならない」と硬直的に運営することが当たり前になってしまい、「忙しいのに（私だけが）なんでこんなことをしなければならないのか」というような不満を醸成してしまうのかもしれません。

　教師から見ると、学校の教育活動には様々な面で保護者の理解や協力を得る必要があり、PTAはそのための有益なツールですので、できるだけ円滑に機能してほしいと期待するものです。教師にも法的には加入義務はありませんが、その機能を期待していることもあって、校務分掌にPTA担当が置かれている場合も多いようです。

　では、上述のような不満が保護者にある場合に、どうすればよいでしょう。「法的な義務はないのだから、負担の多い組織は解散させる」というのは最後の手段にしておき、まずは活動内容の見直しです。保護者向けの学習会や保護者同士の親睦行事が有益な場合もありますが、地域によってはそのような行事のために会社を休めない雰囲気のところもあるでしょうから、子供の環境をよくするために保護者の協力が不可欠な活動に厳選するという方法もあります。学習会や親睦行事を実施する場合は、PTA会費による行事とは区別して有志による会費制の催しにすることも考えられます。また、会議の開催時間帯を見直し、夕方や休日に開催することも一案で、それによって父親が参加しやすくなるということがあるかもしれません。

　PTAの機能を通じて学校と保護者との連携がうまくとれている学校では、柔軟な発想で新しい要素を取り入れたり無駄を省いたりする工夫をしているようです。このようなアイディアを保護者に提示していくのも教師の役割の一つです。

第2章
魅力ある教師

1 魅力について考える

　"魅力"という言葉には人の心をワクワクさせる響きがあります。スポーツの魅力、音楽の魅力、山の魅力、旅の魅力、そして人との出会いの魅力など、私たちは日常の生活の中で何かに心をひかれ、ワクワクすることがあるでしょう。この"魅力"とは一体、何なのでしょうか。辞書『大辞林』(三省堂第三版2006)によれば、「人の心をこころよく引きつける力」とあります。

　ところで、七大陸最高峰の登頂を最年少にして達成した記録を持つ登山家の野口健氏は、ある対談の中で「山」の魅力を次のように語っています[1]。

　「山の中に自分を置いて自然と向き合い、自然に受け入れてもらえることで、新たな自分自身を発見できるのです。自然は自分さえ気がついていなかった自分に気づかせてくれます。(中略)頂きに立てる喜びは、冷静さと勇気、自然に対する謙虚な気持ちを持ち続けることができた人を、山や自然が受け入れてくれた証としてのご褒美ではないかと考えます。」

　この話を聞くと、野口氏にとっての"山の魅力"とは、山が持つ自然の広大さや美しさ、厳しさや畏れなどの普遍的な価値とともに、山との関わりを通して野口氏自身の心に変化や感動を呼び起こすものであったことが伝わってきま

1　対談「野口健さんが語る山と自然の魅力〜海外トレッキングを楽しもう」より引用(2017年2月視聴)。(http://www.pelican-travel.net/feature/06trek/trek_talk02.php)

す。そこには山それ自体の魅力とともに、山に向かい、山を求める野口氏の生き方と心の在り方が大きく影響していることがわかります。自分に変化を起こしてくれる喜び、成長するチャンスを与えてくれる喜び、そして新しい自分を発見する喜びなど、"魅力"の原点はここにあるといえるのではないでしょうか。

　では、ひるがえって教師の魅力とは何でしょう。教師になりさえすれば、誰でも魅力ある教師になれるということではないでしょう。魅力ある教師とは、子供にとって、よい変化を起こし、成長するチャンスを与え、新しい自分を発見する機会を与えてくれる教師のことです。このために、自分自身のよさを「教師としての魅力」へと高めていく営みを続ける過程で生み出されてくるといってよいでしょう。そのためには、人として自らを成長させ、めざすべき理想の教師像を求め続けていく姿勢が求められているのです。

2　めざす教師像

　これから紹介するのは、「どの子も一人残らず」という強い信念を持って子供に寄り添い、授業の中で子供とともに輝く教師の姿です。それは子供の個性や特性に応じた指導力について多くの示唆を与えてくれます。

　A子は小学1年生で、今、学級の仲間と一緒に20までの数の勉強をしています。

　おはじきで数えた18個の花の数を、○印でノートに一生懸命に描いています。まず10個のまとまり。次に8個の○を横に書き加えて描くことができました。その様子を見ていた担任のK先生は、すぐにA子に声をかけます。「A子さんすごい。描けているね。」A子は嬉しそうにうなずきました。

　実は、A子は勉強をとても苦手としていました。家庭的に恵まれないところがあり、欠席や遅刻も多く、勉強も遅れがちでした。しかしK先生は、A子もみんなと同じように授業の中で輝かせたいと思っていました。そのために学級で1学期から信念を持って毎日、例外なく実践していることがありました。それは、定規で素早くきれいに線を引く、○印のモデルを素早くきれいに写す、

といった1日1分間のスキルトレーニングでした。

　A子もみんなと一緒に始めたのですが、1学期の間はなかなか集中できず、スキルを伸ばすことができませんでした。それでもK先生は、クラスの仲間と同じことを、同じように続けることをA子に丁寧に教え、励まし続けました。"どんなに進みが遅くても、必ず自分で伸びる力を持っている。"それがA子に対するK先生の強い信念でした。

　2学期になってA子の上達が少し見えるようになってきていた今日の算数の授業でした。10＋8の計算をA子も友達と同じようにノートに18個の〇で描くことができていました。K先生は「その図をみんなに説明しようよ。」と、A子に発表を促したのですが、A子は笑顔を見せただけで動きませんでした。

　ところがその後、K先生の「誰か発表できる人はいませんか。」という一言に、A子が「ハイ。」と手を挙げたのです。A子はK先生から発表を促された後、隣の席の算数がとても得意なM君とのノート交流で、同じ図が描けていたことに目を輝かせていたのです。A子にとって先生からの声かけは嬉しかったに違いないのですが、それよりもM君と同じ図が描けていたことの方が嬉しかったのです。「M君と同じだ。みんなと一緒だ。」という実感に心が躍りました。だから手を挙げたのでした。M君も嬉しそうにA子の発表をサポートしてくれました。教室が温かく柔らかい空気でいっぱいになりました。

　このK先生の魅力は何でしょうか。それは、K先生が決して急がず、しかし決してあきらめることなく、また、A子にだけ特別ではなく、学級の子供とともに在ったことです。特筆すべきは、この瞬間の輝きが先生の特別な指導からではなく、子供自身の日々の自然な学びの中で生まれたことにあります。このような教師の姿も、めざす魅力ある教師の姿の一つです。学級担任として子供一人一人の個性や特性に応じた目標を設定し、子供との関わり方を工夫するとき、「どの子も一人残らず」という信念を持って子供に向かう姿に教師としての使命感が伝わってきます。このような教師に出会った子供は、学校生活が楽しくなり、きっと「明日も早く学校に行きたい。」という思いを抱くことでしょう。

　驚くことに、教師をめざす福岡教育大学の学生の多くが、前述のA子とよく

第2章　魅力ある教師

似た経験をしています。教員採用試験の願書の志願動機には小・中・高時代に出会った恩師への憧れが、自分がめざす教師の姿に置き換えられて熱く書かれています。ここでは、その中から代表的な事例を一つ紹介してみましょう。

「私が教員を志した動機は、小学生の頃の恩師への強い憧れです。小学校中学年までの私は、内気な性格で自分に自信がなく、学校が楽しくありませんでした。しかし、5年生の担任の先生は一人一人の長所を探し、みんなに紹介してくれました。人前で話すことが苦手な私には休み時間や放課後の時間を使って、今日の私の頑張りを褒めてくださり、そのことを私に復唱させ、必ず日記に書いていくように教えてくださいました。私は少しずつ自分に自信を持てるようになり、友達も増え、勉強も頑張れるようになっていきました。先生のお陰で今があり、感謝しています。私は恩師のように一人一人の良さに目を向けることができる教員になりたいです。」

この学生は恩師をよきモデルとして、子供一人一人を大事にする魅力ある教師にきっとなれると思います。皆さんにも、こうした思いを抱く恩師の思い出が浮かんでくるのではないでしょうか。そうであるならば、そこにあなたがめざす教師の姿の原点を求めていただきたいと思います。この学生の他にも、中学校の部活動の顧問や高等学校の教科担任の真摯な姿勢が教員志願動機となり、自分がしてもらったことだけでなく、「自分がしてあげたい。」という積極的な気持ちとなって伝わってくる内容のものが数多くありました。教師の存在が子供自身の生き方の道標になり、教師の授業や学級経営、部活動における指導、熱意や姿勢が自分の生き方と将来の職業選択に大きな影響を与え、年月を経ても記憶に残っているということです。

一方で、授業中の子供の言動に対応できずに授業が成立していない、子供の切実な願いに迅速な対応ができずいじめを見抜けない、さらには体罰に至ってしまうなど、教師の問題ある対応について保護者や地域の方から厳しい指摘を受けることも昨今では決して少なくないのです。教師も人間であり、若く未熟な時期はあるものです。しかし、汗を流し、やり直し、あきらめずに自らの未熟さを乗り越えていこうと努める姿にこそ教師としての魅力は現れ、輝くのではないでしょうか。教師として、日々真摯に教育活動に取り組んでいても、な

かなか実を結ばないこともありますが、今の自分を見つめ直し、課題を明確にして自らを向上させていく行動力が、めざす教師像に自分を一歩近づけてくれることになります。

教師には、自らがめざす教師像に向かって乗り越えなくてはならないいくつもの課題があります。その基盤になるのは、教育専門職として、また人間として求められる資質・能力です。次に、こうした教師に求められる資質・能力について、さらに具体的に考えていくことにします。

③ 教師に求められる資質・能力

公教育を担う教職をめざすうえでは、中央教育審議会の答申が示している「教師に求められる資質や能力」を十分に理解しておくことが大切です。これまでの中央教育審議会の答申は、いつの時代にも求められる不易の資質・能力とともに、社会的な変化や流れを踏まえた資質・能力を、その時々の節目にふさわしいかたちで捉え示しています。ここでは、平成17年、24年、27年に示された内容から「教師に求められる資質・能力」を見ていくことにします。

平成17年10月：中教審答申「新しい時代の義務教育を創造する」
1．教職に対する強い情熱
　　教師の仕事に対する使命感や誇り、子どもに対する愛情や責任感などである。また、教師は、変化の著しい社会や学校、子どもたちに適切に対応するため、常に学び続ける向上心を持つことも大切である。
2．教育の専門家としての確かな力量
　　「教師は授業で勝負する」と言われるように、この力量が「教育のプロ」のプロたる所以である。この力量は、具体的には、子ども理解力、児童・生徒指導力、集団指導の力、学級作りの力、学習指導・授業作りの力、教材解釈の力などからなるものと言える。
3．総合的な人間力
　　教師には、子どもたちの人格形成に関わる者として、豊かな人間性や社

会性、常識と教養、礼儀作法をはじめ対人関係能力、コミュニケーション能力などの人格的資質を備えていることが求められる。また、教師は、他の教師や事務職員、栄養職員など、教職員全体と同僚として協力していくことが大切である。

この 17 年の答申では、国際的な大競争時代を迎える中で、人材育成の基盤である義務教育の質の向上に取り組む 4 つの国家戦略の一つとして、教師に対する様々な信頼を確立するための「あるべき教師像」が示されています。

平成 24 年 8 月：中教審答申「教職生活の全体を通じた教員の資質能力の総合的な向上方策について」

（ⅰ）教職に対する責任感、探究力、教職生活全体を通じて自主的に学び続ける力（使命感や責任感、教育的愛情）
（ⅱ）専門職としての高度な知識・技能
・教科や教職に関する高度な専門的知識（グローバル化、情報化、特別支援教育その他の新たな課題に対応できる知識・技能を含む）
・新たな学びを展開できる実践的指導力（基礎的・基本的な知識・技能の習得に加えて思考力・判断力・表現力等を育成するため、知識・技能を活用する学習活動や課題探究型の学習、協働的学びなどをデザインできる指導力）
・教科指導、生徒指導、学級経営等を的確に実践できる力
（ⅲ）総合的な人間力（豊かな人間性や社会性、コミュニケーション力、同僚とチームで対応する力、地域や社会の多様な組織等と連携・協働できる力）

この 24 年の答申では、社会の急激な変化に伴い高度化・複雑化する諸課題に対応するため、学校教育において、求められる人材育成像の変化への対応が必要となり、整理し直されたものです。先の 17 年の答申に比べ、学び続ける教員像の確立と、整理された 3 つの力（（ⅰ）、（ⅱ）、（ⅲ）の内容）がそれぞ

れ独立したものでなく、相互に関連し合いながら形成されることに留意する必要があることが述べられています。

平成27年12月：中教審答申「これからの学校教育を担う教員の資質能力の向上について」

（不易の資質能力）
　使命感や責任感、教育的愛情、教科や教職に関する専門的知識、実践的指導力、総合的人間力、コミュニケーション能力等

（これからの時代の教員に求められる資質能力）
◆自律的に学ぶ姿勢を持ち、時代の変化や自らのキャリアステージに応じて求められる資質能力を生涯にわたって高めていくことのできる力や、情報を適切に収集し、選択し、活用する能力や知識を有機的に結びつけ構造化する力
◆アクティブ・ラーニングの視点からの授業改善、道徳教育の充実、小学校における外国語教育の早期化・教科化、ＩＣＴの活用、発達障害を含む特別な支援を必要とする児童生徒等への対応などの新たな課題に対応できる力量
◆「チーム学校」の考えの下、多様な専門性を持つ人材と効果的に連携・分担し、組織的・協働的に諸課題に取り組む力

　この27年の答申では、前出の17年と24年の答申で示されていた資質・能力がどんな時代にも変わることのない「不易の資質能力」としてまとめられています。また、予測不可能な変化にも迅速・的確に対応することが求められることになるであろう未来を見通して、柔軟性、多様性と行動力を持った「これからの時代の教員に求められる資質能力」を示し、学び続ける教員であることを求めています。
　それぞれの時代にそれぞれの背景があり、具体的な内容に少しずつ変化がありますが、27年の答申の「不易の資質能力」と、17年と24年の答申で示された資質・能力は、それぞれに「共通する要素」に着目して大括りすれば、「人間

表2-1 各答申での共通要素

17年答申	24年答申	27年答申	共通する要素
教職に対する強い情熱	教職に対する責任感、探究心、教職生活全体を通じて自主的に学び続ける力	使命感や責任感、教育的愛情	人間性
教育の専門家としての確かな力量	専門職としての高度な知識・技能	教科や教職に関する専門的知識、実践的指導力	専門性
総合的な人間力	総合的な人間力	総合的人間力、コミュニケーション能力	社会性

性」、「専門性」、「社会性」として「表2-1」のように整理することができます。
　以下、上述の「人間性」、「専門性」、「社会性」といった3つの視点からめざす教師像をさらに具体的に述べていくことにします。

④ 教師の「人間性」、「専門性」、「社会性」

(1) 教師の「人間性」について

　まず、教師の「人間性」について考えると、教師は子供を指導し、その成長を促す立場にある教育者として、その言動に大きな注目が集まる存在です。教師の姿は子供にとってモデルであり、それゆえ憧れの対象でもあります。とはいえ、教師になった今も失敗を繰り返し、まだまだ成長が求められている一人の人間であることは否めません。他方、教師から見た目の前の子供の姿は、失敗を繰り返しながらも、自ら成長するチャンスを待ち受けている存在であり、喩えて言えば、教師自身が幼少の頃、当時の先生に諭され、優しさに心を癒やされた自分自身の姿でもあることでしょう。それゆえ教師には、不十分さや未熟さを持ち、常に自らを向上させ続ける努力を必要とする子供と同じ人間であることを自覚することが求められます。

　このように、子供と同じ思いを共有することができる資質・能力は、教師の

「人間性」から生まれてきます。それが、先の中教審答申が指摘している「教育的愛情」なのだと思います。

教師の「人間性」とは、決して最初から教育者としての完璧な姿を求めているのではなく、むしろ不十分さや未熟さを自覚し、それらに真摯に謙虚に向き合って学び続ける姿にこそ現れます。より高い価値に向かって向上し続ける姿は、子供にとって、頼りがいのある、たくましい先生に見えることだと思います。

（2）教師の「専門性」について

教師の「専門性」については、学校教育を担う教育者に求められる「学習指導面」と「生徒指導面」の2つの側面から捉えることができます。

①学習指導面での専門性

学習指導は、毎日の授業を通して行われます。子供が「わかった。」「楽しい。」と勉強することを楽しみにするような授業にするためには、一体どのような専門性が必要なのでしょうか。

専門性の中で最も重要な能力は、子供の学力を育てる学習指導力です。具体的には、「授業づくりの力」、「教材解釈の力」、「教科指導を的確に実践できる力」、「実践的指導力」など授業実践に関わる専門的な能力が求められるのです。

子供の実態の把握や教材の特質や系統性の分析、さらに一単位時間だけの学習指導計画だけではなく、単元全体を通した目標の設定や内容の配列、手立ての検討が必要です。学習内容は決まっていても、個々の子供の実態に応じた目標のスモールステップ化や手立ての工夫などは、教師の専門性を発揮する重要な構成要素の一つです。子供の実態に基づいた目標の設定、学習活動の計画、板書や発問、学習プリントづくり等の工夫から、教師の専門性がよく伝わってきます。ただ、こうした授業を準備していても全ての子供の心に届くとは限りません。前述のように「専門性」は奥が深いのです。授業実践は決して教師の思いどおりに進むわけではありません。一人一人の子供には、それぞれに多様な考えや発言の仕方があるからです。教師から見た思わぬ反応は、それだけ子

供の個性が発揮されている証でもありますが、それに臨機応変に対応することは容易なことではありません。しかし、授業計画や学習教材の準備とともに、全ての子供のリアルな活動に適切に応えていくのが専門性です。「教科指導を的確に実践できる力」や「実践的指導力」などの資質・能力がそれにあたります。

　授業の中で、どの子の意見を取り上げるか。全員の思いをどのような手順で発表させるか。グループでの交流や対話活動をどのように組み立てるか。発言が苦手な子供の考えをどのように学級に共有させていくのかなど、実践的な指導場面に関わる「専門性」には、予定していた指導計画をその場で変更せざるを得ないような柔軟な対応力も含まれています。このような場面こそ、じつは授業の山場であり、魅力ある教師としての腕の見せ所でもあります。ただ、このような指導力は決して一朝一夕で身に付くわけではありません。教師の日々のたゆまぬ努力がそれを可能にします。学校内の組織的な研究をはじめ、個々の教師の積極的で多様な自己研鑽など、自らを向上させようとする強い意欲による継続的な努力によって身に付いていくのです。そこでの実践と改善を繰り返していくことが、高い専門性の獲得につながっていくことになります。

②生徒指導面での専門性

　生徒指導力も同じく重要な「専門性」です。学習指導力が主に授業の場面で学力の向上をめざして発揮される専門性であるのに対して、生徒指導上の専門性は前述の学力向上に関する指導の基盤ともなる子供の個々の特性や関心、意欲、生活力などの向上をめざして発揮される専門性です。17年の中教審答申では、それらが、「子ども理解力」、「児童・生徒指導力」、「集団指導の力」、「学級作りの力」などの力に整理されて述べられていました。

　ところで、生徒指導といえば問題行動への対応と考えられがちですが、そうではありません。また、対応というと、概して事後の指導に目が向きがちですが、そうでもありません。むしろ問題行動を未然に防ぐ予防的視点からの指導が重要です。しかも、罰を与えて防ぐのではなく、やる気と意欲を引き出して、自己実現をめざすといった積極的な指導によって問題行動にいたる芽を摘むことが大切です。学校生活のあらゆる場や機会を捉えて自己実現を果たすよ

うに自己指導力を育むことがねらいです。ここでは教師の「子ども理解力」といった専門性の発揮がとりわけ重要です。そして、前述の学習指導の場面も、生徒指導上の重要な場面の一つであることを見落としてはなりません。

子供を理解する能力について『生徒指導提要』（文科省、平成22年）は次のように指摘しています。「生徒指導においては愛と信頼に基づいた教育的関係が成立していなければその成果を上げることはできません。そのため生徒指導においては共感的理解が求められるのです。」。これは、まさに一人一人の児童生徒に深い愛情を注ぎ、十分に理解して導いていくための内容や方法に関する「専門性」の基盤です。子供との直接的なふれあいを通した共感的理解や、そこで得られたあらゆる情報に基づいた、子供の客観的かつ、まるごとの理解につながっていくからです。これが、カウンセリングマインドを生かした態度や積極的傾聴等に関する資質・能力を発揮することでもあります。

積極的な生徒指導は、個人指導だけでなく集団指導を通すことがより効果的です。集団指導の基盤は子供たちが日々過ごしている学級経営にあるからです。またそのとき、学習指導を切り離して考えることはできません。そのことについて先の『生徒指導提要』では、「教科指導と生徒指導は深くかかわり合っています。教科において生徒指導を充実させることは、生徒指導上の課題を解決することにとどまらず、児童生徒一人一人の学力向上にもつながる意義があります。」と指摘しています。生徒指導のねらいである自己指導力の育成には、自己の存在感や共感的な人間関係の構築が重要ですが、それらの基盤となる能力は日々の教科指導での自ら判断し、決定する活動や相互理解や合意形成の活動等によって培われる能力でもあるのです。それゆえ、教科指導力と生徒指導力とは、まさに表裏一体の関係にある「専門性」といえます。ただ、問題行動が発生した後の事後指導では、それ以上に高い専門性が求められます。子供の問題行動の原因は複雑で、日常では見えない場合もあり、問題発生後に発見されるというケースが少なくないからです。見える言動や事象だけでなく、日常のきめ細やかな子供との信頼関係を築き、見えないところを見抜く能力が求められます。さらに、学校、家庭、地域が一体となった組織的な活動のリーダーとして、教師には様々な発達課題やハンディーを持つ子供の居場所づ

くりのプロとしての「専門性」も求められています。

（3）教師の「社会性」について

　最後に「社会性」です。教師は、学校組織の一員としては「教職員」であり、また、社会的な立場としての職は「教諭」です。そして、子供や保護者、地域からは「先生」と呼ばれます。この「先生」と呼ばれる背景には、大きな期待が込められています。さらに、法的には地方公務員(地方公務員法)といわれる「社会人」でもあります。特に教育公務員と呼ばれ、その職務と責任の特殊性から身分と職責は、「教育公務員特例法」で規定され、いわば二重に守られた「社会人」なのです。そこには、一般の公務員とは異なる高い品性・社会性を持った行動と、強い自覚が求められています。

　しかし、教師の不祥事が後を絶たないのも残念ながら現実の一面です。飲酒・酒気帯び運転、個人情報の流出、体罰・暴言行為など、職務や服務倫理に関する事件が生じています。また、保護者や地域からは、不適切な言葉づかい、挨拶、服装、礼儀作法など、人としての「社会性」が欠如したかのごとく受け止められる教師の振る舞いが度々問題になっています。これらは、その教師自身だけでなく、学校教育全体に対して、さらには社会人としての大人に対しての信頼を著しく失墜させることにつながる情けない事実です。また、子供の目から見ると教師は親以外の最も身近な大人ですから、教師の不適切な振る舞いが社会全体に対する不信感につながりかねません。それほど教師に対する社会全体からの期待と信頼は大きいのです。

　ところで、学校では、勉強がわからず、友達ができず、いじめを受け、「学校に行きたくない」という子供の数が毎年増え続けているといいます。そのような子供に粘り強く寄り添い、意欲を引き出し、可能性を信じ続ける教師には、「人間性」や「専門性」という熱く豊かな愛情とととともに、「社会人」としても頼もしく安心して任せられる社会のリーダーとしての資質・能力がとても重要です。

　魅力ある教師の資質・能力は、「社会性」を車軸とし、「人間性」と「専門性」を両輪として子供を乗せ、たくましく前進する車だといえます。

5 求められる教師の立ち居振る舞い

　学校では、その学校が置かれた地域の実態を踏まえ、特色ある教育目標を達成するために、計画的・継続的、協働的に教育活動を実践しています。中でも学級経営は教育活動の大黒柱となるものであり、その質は、担任の資質・能力に大きく依存しています。特に小学校の学級担任は、朝の登校から夕方の下校まで子供の学校生活のほぼ全ての時間を子供とともに過ごします。その一時一時は、予測しない事態が発生することも度々であり、まさに筋書きのないドラマです。

　教師の人間性と専門性は、そのような状況の中で発揮される資質・能力であり、だからこそ経験を積み磨き抜かれていく資質・能力でもあります。加えて、だからこそ、思いもかけない大きな感動や喜びも舞い込んでくるのです。次に、日々「魅力ある教師」をめざして悪戦苦闘している若い教師の生の姿を紹介してみましょう。

（1）報告・相談・連絡のできる教師

　特に新任の教師は、学習指導や生徒指導がスムーズにいかずに悩むことがあります。また、保護者のクレーム等の対応にも苦慮することがあります。

> 　ある日の放課後、経験2年目の若い担任G先生の学級のS児の保護者が、G先生に強い口調でクレームの電話をしてきました。
> 　「うちの子供がクラスの友達にいじめられて、学校に行きたくないと言っています。もう半年くらい前からいじめに遭っていて、先生には何度も相談していたのに、なぜいじめが続くのですか。」

　この事例の問題点は何なのでしょうか。「いじめ」はもちろん一番の問題ですが、「半年くらい前から何度も相談していたのに」という保護者の言い方には、担任に対する信頼度に問題もありそうです。

G先生は、S児の様子を気にかけ、時々話も聞いていました。S児が元気そうにしていたので、強い問題を感じないまま、最近の具体的な状況も把握していませんでした。保護者からの「いじめが続いている。」の言葉でS児のことが心配になりました。保護者には、これまでのS児に対する配慮と学級での指導の経緯を伝えたのですが、保護者に伝わるどころかますます強いクレームになって返ってきました。そのとき、G先生は「ホウ・レン・ソウ」（報告・連絡・相談の略称）という危機管理時の行動を思い出し、保護者に「すぐに上司に相談して対応します。」と答え、すぐに学年主任と教頭先生に保護者からのクレームの内容を報告し、どのように対応すればよいかを相談しました。そのときのやりとりは、次のようでした。

　教頭先生：「G先生が一番相談したいことは、どんなことですか。」
　G先生　：「このような場合にはどのような対応をすればよいかということです。」
　教頭先生：「G先生は、どのように考えているのですか。」
　G先生　：「いじめの原因を調べて、S児が登校できるように学級に指導しなければならないと思っています。」「保護者には説明したのですが、わかってもらえなくて……。」
　G先生はこれまでの自分の対応を教頭先生に伝えました。が、教頭先生は、続けてG先生に次の質問をしました。
　教頭先生：「保護者の半年前の相談の後、先生はどのような対応をしましたか。」「そのとき、いじめの事実をどのくらい把握しましたか。」「そして今、どのように把握しているのですか。」「S児と保護者が、G先生に今一番望んでいることはどのようなことだと思いますか。」
　G先生は教頭先生のこれらの質問に的確に答えることができませんでした。
　教頭先生：「あなたの返事からでは、保護者や子供の思いに丁寧に、真摯に向き合う言葉や行為が伝わってきませんよ。まず、最初の相談で保護者は何を最も望んでいたのか。そして今回の保護者の相談は

何だったのか。真摯に受け止めていますか。『ホウ・レン・ソウ』とは、何かの解決方法を得るための対策ではなく、保護者と子供が今、何を最も望んでいるのか。そのうえで、自分は何をしようと考えているのかを的確に上司に伝えることですよ。」

　G先生はすぐに子供の家へと向かいました。十分に聞き取れていなかった保護者の思いをしっかりと聞き取り、すぐにできる具体策を保護者と話し、そのことを教頭先生に報告して相談を仰ぎました。教頭先生は「それがホウ・レン・ソウですよ。」と言って、より具体的な対応の仕方を丁寧に助言してくれました。
　G先生の迅速な行動は保護者と子供に伝わり、そのことが学級全体の子供たちの絆を深めることになったのでした。それはG先生の大きな喜びにもなりました。G先生の未熟さから発生した問題が、自分自身の真摯で誠実な対応によって、学級の絆が固まるという喜びに変わることになったのです。このとき、G先生はより質の高い資質・能力を身に付けたといえるでしょう。

（２）学校組織の一員として動ける教師

　教師には、学級だけでなく、学校組織の一員としての大切な役割もあります。学校の教育目標の達成に向けて、学年・学級を超えて学校全体の校務を担う校務分掌による役割の遂行です。そこにはチームの一員としての次のような資質・能力が求められます。それは、「目標を共有し、みんなで取り組む同僚性」、「具体的な役割や仕事などの見える仕事の裏にある、見えない仕事を果たす責任感」です。これらの具体的な事例について、２つ紹介してみたいと思います。
　１つ目は、学校行事に関わる話です。
　６学年の担任のT先生には、全校行事や児童活動を、学校全体の子供がもっと連携して活躍できる場に広げたいという思いがありました。
　11月の全校児童「餅つき大会」は、これまで６年生が当日のリーダーとして活躍していましたが、T先生と６年生の子供たちは「当日だけでなくもっと

第2章　魅力ある教師

日常から全校が協力し合えたらいいな。」と思っていました。そこで6年生が次のような提案をします。「米だけでなく大根も育てて、餅つきの日に大根おろしを添えて食べたらおいしいよ。大根の栽培と収穫は低・中学年に分担してもらい、高学年はサポートする。」というものでした。この『全校収穫祭活動』の提案は全校を動かし、6年生は低・中学年と一緒に朝の時間や休み時間を使ってリーダーシップを発揮することになります。このことに全校児童がこれまでにない充実感を味わうことになりました。畑でのつながりが、廊下をすれ違う休み時間や昼休みにも広がり、「あいさつ」や声かけという形で効果を現してきたのです。

　しかしその間、T先生の姿は常に大根畑や田んぼ、運動場にありました。T先生には、子供の活動が途切れないようにするための見えない仕事があったのです。T先生は、「私の仕事はつなぐ役割です。今は見えませんが、子供が目標達成した時の姿で見えてきますよ。」そう言って汗をぬぐいました。その姿はやはり子供の心に届いていました。子供たちは「先生の頑張りを見て、僕たちも頑張りました。またやりたい！」と笑顔で答えてくれました。

　組織の一員としての同僚性や責任感とは、見える仕事だけでなく、組織全体のつなぐ「見えない仕事」にも目を向けることが、魅力ある教師の資質・能力だといえます。

　2つ目は、大雪の朝の日の話です。

　その日の朝は、前日からの寒波の接近で予想を越える雪となりました。子供たちは大喜びで登校してきましたが、多くの教師の出勤にも大きな影響を与えました。路面が凍って車を動かせずに、家を早く出て歩いて出勤してきた教師もいました。S先生は車通勤ですが、その日は歩いて子供が登校する前に出勤し、登校してくる子供を迎える準備をしていました。

　職員室では車を動かせない教師から、「遅れます。よろしくお願いします。」という遅刻や年休を届ける電話が鳴り続けています。S先生をはじめ、出勤してきた教師は、自分のクラスだけでなく全校の子供を同じように迎える段取りをしています。

　S先生は今日の雪はわかっていたし、出勤への影響も想定していました。

第Ⅰ部　教職キャリアを高めるために

「自分が出勤できないことで、子供にも他の教師にも迷惑をかけるわけにはいかない。」そう考えて、前日から早く家を出る準備をして出勤してきました。「子供をいつものように迎えなければ。」そんな気持ちが、Ｓ先生の出勤行動になったのです。今日の気象の状況であれば、Ｓ先生も同じように年休を取ることもできました。

　その日、子供たちは朝一番に子供を迎えるＳ先生の姿に驚きました。他のクラスの子供も同じように迎えようと懸命に動いている先生に、「先生ありがとうございます。僕たちのクラスは自分たちでちゃんとします。」と、いつにない自立した姿を見せてくれたのでした。先生の苦労の向こうに、子供の笑顔と、先生の喜びが見えてくるようです。

（３）魅力にあふれた教師の姿を求めて

　本章では、魅力ある教師について考えてきました。みなさんは今、自分の理想とする教師像を具体的に描くことができているでしょうか。教師の魅力を熱く語ることができるでしょうか。

　「魅力ある教師」とは一時的や一過性の姿でもなければ、自分だけで納得し、めざす姿でもありません。公教育を担う教育者の一人として、地道でも主体的な自己研鑽を積み上げ、仲間と共に切磋琢磨しながら「専門性」「人間性」「社会性」を磨き続けていく姿勢・考え方、行動や人柄の中に現れる姿なのだと思います。その姿が子供や保護者、地域・社会の方々の心に届いていくのだと思います。また、教師は、人として自らの生き方を積み上げ、省察を繰り返すことで次第に本物の教師になっていくのだといわれます。そのために、幾つになっても、どんなに経験を積み重ねても、絶えず研究と修養、すなわち研修に努めることが求められているのです。

　ブラジルの心理学者であり、精神科医でもあるアウグスト・クリ氏は、「普通の教師は自分の声で語り、魅力的な教師は自分の眼で語ります。普通の教師は、ものごとの善悪を教え、魅力的な教師はさらに、生徒の心に話しかける感受性があるのです。」（『素晴らしい親　魅力的な教師』ポプラ社、2006年、70ページ）と述べています。

皆さん一人一人が理想とすべき教師像をしっかりと描き、「眼」で語り、「心」に話しかけ、「姿」で教えることができる、そんな人間的魅力にあふれた教師の姿をめざしてほしいと思います。

●コラム４　見届けができる教師

　学校生活の中で、教師は子供に「掃除は時間いっぱい頑張りましょう。」とか、「チャイムを守るようにしましょう。」などと指導をします。

　実は、掃除を頑張ったり、チャイムを守ったりする気持ちが子供たちに生まれるか、生まれないかは、教師の姿勢にあるのです。

　もし、掃除にいつも集中できていない子供がいたとします。しかし今日は、時間いっぱい掃除ができた。この子は、掃除を頑張ったので、先生に認めてもらいたいと思っているはずです。しかし、先生が「Aさん、今日は掃除頑張っていたね。先生はうれしかったよ。」という言葉かけがなかったとしたら、Aさんはどんな気持ちになるでしょうか。

　教師が子供に指導したことが、できているのか、できていないのかを最後まで見届ける姿勢が大切なのです。子供は、「先生は見届けてくれている。頑張ろう。」という気持ちにきっとなるはずです。言葉で指導するだけではだめなのです。最後まで見届けができる教師には、子供との信頼関係が生まれ、子供のやる気を引き出すことができるのです。

第3章
教師の仕事

1　教師の仕事の魅力と使命

　教師は、保護者の信頼と協力のもとに子供たちの健全な成長を支え、地域住民からも信頼される存在でなくてはなりません。そして、その信頼と期待に応えるために教師としての使命を果たしたときに、大きな魅力を感じることができます。

（1）仕事の魅力
　教師の仕事にはどんな魅力があるのでしょう。教師生活を振り返ったときに、次の3つのことが思い浮かびます。
　1つ目は、子供の「？」（疑問）を「！」（洞察）に変えるための支援ができることです。
　子供たちは、よく「先生、明日はどんな勉強をするのですか。」と質問してきます。そして、もっと知りたい、もっとわかりたい、もっと学びたいという思いを巡らせながら登校してきます。その思いに応えるために、教師は夜遅くまで教材研究や教具づくりをします。私も机に画用紙を広げて読み物資料の場面絵を描いたり、電磁石のブラックボックスの提示物を作ったりしたものです。
　そんな苦労をした次の日、授業の中で子供が笑顔を見せ、瞳を輝かせて挙手

した瞬間、この間の全ての苦労が吹っ飛んでしまう快さを感じました。このように、子供たちの期待に応えるべく工夫して作った授業では、子供の思考や表情は「？」から「！」に変わります。「あ、そうか。」「わかった。」という感動の瞬間を子供たちと共有できることは、教師冥利につきることです。

　２つ目は、子供たちに可能性の種まきができるということです。

　子供が学習の中で捉えた「！」の繰り返しは、子供の中に創造力という大きな力として蓄えられます。教師は、全ての教育活動を通して、「！」への種まきをしているのです。

　ある日、教え子が学校を訪れ、「先生、今、幼稚園で働いています。先生の熱心さや厳しさ、そして、どんな時も最後まで見守って下さった優しさを忘れずに頑張っています。」と報告してくれました。自分の今の姿に自信を持ち、嬉しそうに語りかける教え子の姿に、この子の中に一粒の種まきができたことを誇らしく感じることができた瞬間でした。

　３つ目は、子供自らの成長に心からの感謝ができるということです。

　教師は、子供や保護者、地域の方に「ありがとうございました。」とよくいわれます。自分の教育活動に対する言葉としては素直に受け止められず、このような教え方でよかったのだろうかと後悔する気持ちが大きくなります。

　しかし、よりよい指導方法があったのではないか、もうひと工夫していたらという教師の思いとは裏腹に、子供は伸び伸びと成長していきます。教師のまいた可能性の種は、子供自らが大切に育てていきます。このように自ら成長していく姿を目にしたとき、子供に感謝の念を抱かずにはいられません。

　教師とは、このように大きな喜びを感じることができる魅力の多い仕事です。

（２）教師の使命

　この仕事の魅力を感得するためには、教師として果たすべき使命があります。

　教師という仕事は、子供に未来を支える術を培わせる大変崇高なものです。だからこそ、生半可な気持ちでは携わることができません。人が人を育てると

いう仕事は、自らの人間性でもって子供を感化する仕事です。「教師は後ろ姿で指導する」といわれるように、常に自分を磨き続け、一挙手一投足の全てを駆使して、子供のよりよい育ちに向けた術を伝えなければなりません。

次の言葉は、「教師の使命」に関する教育現場の教師の声です。

> ○ 子供たちは、これからの日本を担います。その子供たちに知識や知恵などの基盤をつくるのは、とても責任の重い仕事だと思います。
> ○ 子供たちに内在する可能性を引き出すことは、教師の専門職としての職務です。そのためにも、指導力量を伸ばさねばならないと考えます。
> ○ 教師には、子供の「今」の一瞬の学びを保障する重要な責任が課せられています。一瞬一瞬に全精力を注ぐことが使命だと思います。

どの教師も、教職とは大変責任が重い仕事であり、そのためにも指導力をしっかり身に付け、日々全力で教育に携わらなければならないと考えています。

このことは、中央教育審議会の「今後の教員養成・免許制度の在り方について（答申）」（平成18年7月11日）の中で、いつの時代にも求められる資質・能力として述べられている、「教育者としての使命感、人間の成長・発達についての深い理解、幼児・児童・生徒に対する教育的愛情、教科等に関する専門的知識、広く豊かな教養、これらを基盤とした実践的指導力等」と合致するものです。

子供のあるがままの姿に意図的に働きかけ、あるべき姿に導くためには、教師としての資質・能力を培うとともに人間性を高めることが大切です。使命を果たすうえで特に大切なことは、次のようなことだと考えます。

1つ目は、「やり甲斐」と「誇り」がもてるような仕事を心がけることです。

使命感とは、「与えられた任務をやり遂げようとする責任感」といわれます。教師は、日々の教育活動の中で様々な課題に直面します。しかし、どのようなときも子供の成長に向けて全力で立ち向かう強い意志が必要とされます。教育に対する責任感が、やり甲斐や誇りという結果をもたらします。

次の文は、育児に追われ、学習発表会の指導に専念できなかったある教師の反省です。熱心に指導に頑張っていた教師でしたが、私的なことに意識が削がれ、納得できる指導ができない結果を招いたとしきりに後悔していました。

> 子育てに追われてしまって、十分子供たちを指導することや関わってやることができませんでした。学習発表会の演技は無難に発表できましたが、私がもっと本気を出していれば、子供たちも私も納得できるものが創れていたと思うと、すごく反省しています。

　子供を好ましい方向へ刺激し、無限の可能性を引き出すためには、教師は常に最善の努力をはらうことが使命だと考えます。
　2つ目は、教え子の未来の姿をしっかり見届けることです。
　学級担任が替わっても、学校を卒業しても、「先生に会いたい。」「声をかけてもらいたい。」と教え子が学級担任を慕う心は続きます。一年間を一緒に過ごした子供たちが、その後中学校で頑張っているだろうか、高校はどこに進学しただろうか、どんな仕事に就いているだろうかなど、学級担任は常に心の片隅で教え子に心を寄せ、思いを馳せるような仕事を心がけることが大切です。
　そしていつの日か、「先生、一緒に飲んで語りましょう。」「子供が誕生したので、見てください。」と教え子から声がかかる年齢まで、その成長を気にかけて見届けることが、学級担任としての使命ではないでしょうか。

② 教員の身分と服務

　教職に就くには、教育職員免許法で規定された教育職員免許状の取得が求められます。公立学校の場合は各都道府県教育委員会が実施する教員採用試験に合格し、採用候補者名簿に記載されて初めて正規の教員として採用されます。
　子供の教育に携わる教員は、教育の専門職といわれる仕事です。教育のエキスパートになるためには、多くの経験や知識、人間性に裏打ちされた指導力を身に付けるとともに、関係法規に沿った服務の遂行が求められます。

教員の身分や服務を規定する「教育公務員特例法」(昭和24年1月12日)をもとに考えてみましょう。

> 教育公務員特例法　第1条
> 　この法律は、教育を通じて国民全体に奉仕する教育公務員の職務とその責任の特殊性に基づき、教育公務員の任免、人事評価、給与、分限、懲戒、服務及び研修等について規定する。
>
> 教育公務員特例法　第2条
> 　この法律において「教育公務員」とは、地方公務員のうち、学校(学校教育法(昭和22年法律第26号)第1条に規定する学校及び就学前の子どもに関する教育、保育等の総合的な提供の推進に関する法律(平成18年法律第77号)第2条第7項に規定する幼保連携型認定こども園(以下「幼保連携型認定こども園」という。)をいう。以下同じ。)であつて地方公共団体が設置するもの(以下「公立学校」という。)の学長、校長(園長を含む。以下同じ。)、教員及び部局長並びに教育委員会の専門的教育職員をいう。
> 　(以下2、3、4、5は省略。)

　教員は教育公務員特例法の第1条で、全体の奉仕者であると同時に、その職務と責任の特殊性に基づき、教育公務員の任免、人事評価、給与、分限、懲戒、服務及び研修等について規定されています。更に、同第2条において教育公務員としての具体的な位置づけがなされています。

　教員の身分は、教育公務員特例法と地方公務員法に規定されています。そして、任免、人事評価、給与、分限、懲戒、服務及び研修等の規定が、教育への信頼を保つことに大きく寄与しているのです。

　では、教育公務員特例法で述べられている任免、人事評価、給与、分限、懲戒、服務及び研修について述べてみましょう。

(1) 教育公務員の任免、人事評価、給与、分限、懲戒

①任　免

任免とは、教員として採用されることや管理職などへ昇任させることなど、

職務につけること（任命）や、辞めさせること（免職）です。その任免権は都道府県教育委員会にあります。都道府県教育委員会は、子供への指導力が適切であるかどうかを判断し、任命したり免職させたりすることで教育水準を保ちます。

②人事評価

それぞれの学校では、特色ある学校づくりや信頼される学校づくりを一層充実させるために、教職員一人一人が専門性を生かし、意欲的に職責を果たすことが求められています。そこで、教職員一人一人の能力や業績を適正に評価し、適切に人事や処遇等に反映することを目的に人事評価が行われます。

③給　与

教員の安定した生活の保障を通して教育に専念させるために、経験年数や年齢をもとに給与が定められています。教員の給料（基本給）は、国が３分の１、都道府県が３分の２を負担します。

教員には、給料に通勤手当、扶養手当、住居手当、期末勤勉手当などの諸手当を加えた額が給与として支払われます。

④分　限

学校教育では、教育内容の質的水準を高めるためには教員の資質や能力が大きく影響します。しかし、勤務状況に課題があったり、心身の故障により勤務が難しかったりして、教育活動に携わらせることが困難であると判断される教員もいます。このような場合に、該当の教員に対して身分保障の限界として行う処分に免職、降任、休職、降給という分限処分があります。

⑤懲　戒

不祥事や非違行為をした教員は、地方公務員法で懲戒処分の責任を負わなくてはなりません。不祥事や非違行為には、飲酒運転、わいせつ行為、体罰、セクハラ、窃盗、不適切な言動、職務義務違反などがあげられます。懲戒処分は、その程度によって本人の意志に反する不利益処分の免職、停職、減給、戒告のいずれかを受けることになります。

免職とは、最も重い処分で、教員としての身分を失うことです。教育職員免許法により免許状が失効し、退職手当は支給されません。

停職とは、1日以上6月以下の期間、職務に従事できません。履歴書記載事項となり、この期間の給与は支給されなく、昇給が延期されて期末勤勉手当が大幅に減額されます。

減給とは、6月以下の期間、給料の月額及び教職調整額が減給されます。履歴書記載事項となり、昇給が延伸されて期末勤勉手当が減額されます。

戒告とは、文書で責任を確認させ、履歴書記載事項となり、昇給が延伸されて期末勤勉手当が減額されます。

(2) 教育公務員の服務

教職を遂行するのに好ましくない状況が生じれば、子供や保護者からの信頼は損なわれ、教育の効果は薄れてしまいます。そのようなことが起きないように、教員は服務に対する正しい見識を持たなければなりません。では、教員に課せられた服務にはどのようなものがあるのでしょう。

「服する」とは、「得心してしたがうこと。自分の務めとして従事すること。」という意味があります。つまり、服務とは、公務員がその職務に従事するに際して守らなければならない様々な義務のことです。服務は、「表3-1」に示すように「職務上の義務（3大義務）」と「表3-2」に示す「身分上の義務（5大義務）」に分けられます[1]。

「職務上の義務」とは、勤務時間内において職務遂行に当たって守るべき一定の義務のことです。また、「身分上の義務」とは、勤務時間の内外を問わず職務遂行に関係なく職員たる身分を有する限り当然守るべき一定の義務のことです。

このような服務を厳守する教員の高い規範意識の上に、教育の質と信頼が保たれています。

1　福岡県教育委員会『若い教師のための教育実践の手引』平成28年度版、「服務について」21ページ。

第3章　教師の仕事

表3-1　職務上の義務

服務の宣誓 （地方公務員法第31条）	新たに教員となった者は、宣誓書に署名してからでなければその職務を行えない。「服務の宣誓」は公務員の在り方を自覚し、誠実かつ公平に職務を執行することを住民全体に誓う行為である。
法令等及び上司の職務上の命令に従う義務 （地方公務員法第32条）	職務を遂行するに当たっては、法令、条例、規則、規定等に従うことは当然のことである。 　また、職務上の上司である校長の職務命令（文書・口頭）には忠実に従わなければならない。
職務に専念する義務 （地方公務員法第35条）	勤務時間中は職務のために注意力の全てを注ぎ、その職務に専念従事しなければならない。ただし、法律又は条例の定めにより、この義務が免除される場合がある。

表3-2　身分上の義務

信用失墜行為の禁止 （地方公務員法第33条）	公務員には、公務員全体の職に共通する信用があり、教員にはその上に教員特有の信用がある。信用失墜行為については、具体的内容は特に示されていないが、例えば飲酒運転、体罰、わいせつ行為、個人情報紛失、薬物乱用等は、信用失墜行為の最も甚だしい事例である。
秘密を守る義務 （地方公務員法第34条）	教員は、職務上知り得た秘密を漏らしてはならない。これは退職後も同様である。
政治的行為の制限 （地方公務員法第36条、教育公務員特例法第18条）	特定の政党を支持したり、反対したりするための政治教育や政治的活動、児童生徒に対する教育上の地位を利用した選挙運動、政党政治団体の役員・政治的顧問等になることなどは禁じられている。 　政治的行為の制限については、一般公務員よりも教育公務員は更に厳しくなっている。
争議行為等の禁止 （地方公務員法第37条）	一般の地方公務員と同じく、教員もストライキその他の争議行為をしたり、教育活動の能率を低下させる怠業行為をしたりしてはならない。また、このような行為を企てたり、共謀したり、そそのかしたり、あおったりすることも禁止されている。 　禁止の根拠は、公務員の従事する職務には公共性があること、法律によりその主要な勤務条件が定められていること、身分が保障されていること、適切な代償措置が講じられていることなどである。

営利企業等の従事等の制限 (地方公務員法第38条、教育公務員特例法第17条)	公立学校の職員は、教育委員会の許可を受けなければ、営利を目的とする会社・団体の役員などを兼ねたり自ら営利目的の私企業を営んだり、報酬を受けて事業や事務に従事したりしてはならない。ただし、教員には特例があって、教育に関する他の職を兼ねたり、その事業や事務に従事したりすることが、本務の遂行に支障がないと教育委員会が認める場合に限り、兼職・兼業が認められる。

(3) 教育公務員の不祥事

教育公務員としての職責を果たすうえでは、特に次のような不祥事の防止に努めなければなりません。

①体　罰

学校教育法第11条により、体罰は禁止されています。体罰は、肉体的、精神的に人権を侵害する行為です。体罰を受けた子供は、体罰を行った教員に対する憎しみと反抗心を増幅させるだけで、教育上の効果は認められません。

感情が先走り、適切な指導を見失わないよう、教員は常に冷静な判断を心がけることが必要です。

②飲酒運転

飲酒運転は重大事故につながる危険行為で、禁止された行為であるとともに、教育への信頼を著しく損なう無責任な行為です。飲酒運転を行った教員には、懲戒免職という厳しい処分が行われます。

処分により突然学級担任がいなくなってしまった子供たちや保護者の心の動揺は、計り知れないものがあります。教員の心の緩みが子供たちの学校生活や教育界へ与えるダメージを十分に理解し、絶対に行ってはいけません。

③情報の漏洩

教員は、子供たちの学業や生活に関する多くの個人情報に日々触れています。職業上知り得た個人情報の中には秘密に属する情報もあり、この情報を、むやみに他へ洩らしたり、学校外へ持ち出したりすることはプライバシーの侵害にあたります。

個人情報に関わる学級事務は学校内での処理とし、校長の許可のもとに持ち

出す場合は必要最小限にして、盗難や紛失がないよう搬送や保管に十分注意しなければなりません。

④わいせつ行為

わいせつ行為は、社会通念から逸脱した行為であり、教職の持つ品位と信頼を損なう違法行為です。また、相手の意に反した性的な言動により相手を不快にさせるセクシュアルハラスメントは、性的差別行為であり、職場への不信感を増幅させます。加害者にセクハラをしているという意識がない場合も多く、言動に細心の注意が必要です。

（4）教育公務員の研修

服務義務違反を犯さない限り、教員の身分や生活は手厚く保障されています。しかし、それに甘んじていては、教員の資質の向上は図られません。

そこで、教員には、「教育公務員特例法」の第21条で研修の義務が課せられています。

教育公務員特例法　第21条
　教育公務員は、その職責を遂行するために、絶えず研究と修養に努めなければならない。
2　教育公務員の任命権者は、教育公務員の研修について、それに要する施設、研修を奨励するための方途その他研修に関する計画を樹立し、その実施に努めなければならない。

教員は、不易（時代に流されない普遍的な教育内容）と流行（時代の変化の中で求められる新しい教育内容）をきちんと捉え、子供たちに教えなければなりません。そこで、教育公務員特例法第22条により、国や県及び市町村教育委員会は、研修のための様々な機会を設けています。

①初任者研修

赴任と同時に始まるのが初任者研修です。新規採用された教員に対して、採用の日から1年間、実践的指導力と使命感を養うとともに、幅広い知見を得さ

せるため、学級や教科・科目を担当しながら研修を行います。
　福岡県教育委員会では下のように、管理職や初任者研修担当教諭による校内研修や外部教育機関による校外研修を設けています。

```
平成28年度福岡県公立学校初任者研修
1　校内における研修（170～200時間）
①一般研修………… 50～60時間
②授業研修…………100～110時間
③課題研修………… 20～30時間
2　校外における研修（14日）
①県教育センター・
　体育研究所における研修…………4日
②各教育事務所における研修　…………10日
```

　次の新規採用教員の感想にあるように、初任者研修を乗り切るのは苦労の連続です。しかし、この研修を通して教師としての自信とその後の教育活動への意欲が増加します。そのためにも、これからの教職に対する目標や課題を明確にし、研修に参加することが大切です。

```
　1年間の研修は苦労の連続でした。特に授業研究では、予想外の子供の反応に指導の方向を見失いそうになりました。それでも一生懸命に考え、応えてくれた子供たちに助けられました。また、研修の度に貴重なアドバイスやアイディアを校長先生や指導の先生、同学年の先生にいただき、心より感謝しています。この研修は、私の教師としての基盤になります。初任研を終えるのはうれしいのですが、これからも学び続け、子供達のためにりっぱな教師になろうと思います。（新規採用教員の感想より）
```

②校内主題研修
　初任者研修が個人を対象とした研修であるのに対して、校内の全職員で一つのテーマの解明に向けて取り組むのが校内主題研修です。

第3章　教師の仕事

図3-1　校内主題研修会での授業風景

　校内主題研修は、学校や児童の実態、社会の情勢などを考慮して学校の研究主題を設定し、その解明に向けた仮説検証を実証的手法で行う研修です。
　校内主題研修での研究授業は、全職員で授業を事前に検討し、子供の反応を通してその有効性を明らかにするものです（「図3-1」）。また、授業を公開する前には、学級づくりや学習ルールの指導、発表力やノートの取り方の指導などを長期的、計画的に取り組みます。まさに、教師としての力量の総体が問われる研修であり、研究的視野が育成される研修です。

③**教科等サークル研修**

　初任者研修や校内主題研修が外発的研修であるのに対し、教科・領域の指導や学級経営など、学ぼうとする目的を同じくする教師たちが集まり、専門性を高める自発的研修を行う場として、教科等サークル研修があります。
　複数の学校から、教科や領域の様々な実践をしている教師が定期的に集まり研修を深めるものです。自身の指導実践を持ち寄り、より効果的な指導法はないか意見を出し合ったり、授業を公開したりして研究を深めます。時には、サークル外の多くの教師に呼びかけて実技の講習会を開催したり、研究成果を研究発表会で公表したりすることで専門性を一層高めていきます。

こうした研鑽を積む中で、自分の得意とする教科を持つことは、他の教科や領域への興味・関心を刺激し、様々な教科や領域の指導力を高めることにつながります。様々な研修に自発的に参加し、明日からの学級経営や学習指導に役立てることが、自己の資質や指導力を向上させ、教育の質を引き上げることにつながります。

3 学級担任の仕事

学級担任とは、子供にとってどんな存在なのでしょうか。

学級担任は、子供たちと一年間をともに過ごすことを通して、子供一人一人の人間形成に大きな影響を及ぼします。子供たちは学級担任に愛されたい、認められたいと願い、学級担任はその思いに応えたいと願う相互の関係の上に学級は成立します。

学級担任は、子供たちに全ての情熱を傾けて向き合い、子供たちをあるべき姿に導いていきます。では、学級担任はどのようにして決まるのでしょう。

「あの子の担任はしたくない。」「あの保護者は苦手だ。」そんな身勝手なことをいっていては、学級担任は決まりません。学級担任は、校長が決定し、命じます。しかし、その前に個々の教師の意見や希望を聴取します。子供や保護者との関係、教科指導や学級経営の得手不得手、過去の受け持ち学年の履歴、教師の家庭状況や健康状態などを聞き取り、年齢や主任の配置、校務分掌や将来の学校経営の在り方なども考慮し、総合的に判断して学級担任を決めます。子供たちが学級担任を選べないのと同様に、教師も担当学年や担任する子供たちを選ぶことはできません。

（1）担任としての仕事

では、学級担任にはどのような仕事が待っているのでしょうか。ここでは、小学校の学級担任を例に考えてみます。

学級担任の主な仕事には、教科等を指導する仕事はもちろんのこと、そのほかに、①個々の子供を理解する、②学級集団を高める中で一人一人を成長させ

る、③教師の人間性で子供を育てる等の仕事があります。それでは、①～③のそれぞれの仕事について説明をします。

① 個々の子供を理解する

学級担任は、子供のありのままの姿から、優れた点や課題を見抜き、その子に最適な指導法を考えていきます。学級担任として、子供の学習状況や生活状況、生育歴や得手不得手、考え方や感じ方などの様々な情報を得て、一人一人をしっかり理解することはよりよい教育を施すための基盤となります。

そして、「あなたのことをしっかり見ているよ。」と子供たちに発信することが、大きな信頼を獲得することにつながります。

② 学級集団を高める中で一人一人を成長させる

学級では、様々な性格や考えをもった子供たちが互いに影響を及ぼし合いながら生活しています。学級担任は、学級目標を通して子供たちのめあてを定めさせ、係活動や班活動などで学級としての諸活動を組織しながら、個性を持った子供たちを集団としてまとめあげていかなければなりません。学級目標の達成に向けて子供たちの心のベクトルを互いに関わらせながら、価値ある理想や理念を一つにする集団にまとめ上げることができたとき、その集団の中にいる子供たちは、互いに学習や生活に対してよりよい影響を与えあい、個々の人間性が豊かに育っていきます。

③ 教師の人間性で子供を育てる

子供たちは、子供同士の影響と同時に学級担任の影響を大きく受けます。子供たちは学級担任との日々の生活の中で、無意識に学級担任からにじみ出る人間性に触れています。子供たちは、「その考え方、好きだな。」「すごいと思ったよ。」といった学級担任の何気ないつぶやきや学級づくりに頑張っている姿などに触れて、次第に感化されていきます。人間的な生き方や考え方、感じ方を子供たちに示すことは、学級担任としての大切な仕事です。

(2) 学級事務

次に、様々な学級事務についてもふれておきたいと思います。学級担任として学校の運営や学級経営を、円滑かつ効果的に行うための学級事務は、大別す

ると、「表3-3」のように5つに分けられます[2]。

表3-3 学級事務の内容

学籍管理事務	指導要録と出席簿など公簿の記入、整理、保管
児童生徒管理事務	健康診断表・発育測定・各種検査結果などの記入、整理、保管
指導事務	学級経営案・週案・通知表・学級通信のなど作成、保管
会計事務	積立金・給食費・教材費などの出納及び管理
学級備品の管理事務	時計・テレビ・パソコン・教材などの保管、整備

　どの学級事務も子供の学びを支える大切なものです。様々な学級事務を行いながら、学級担任は常にめざす学級の姿に近づけるために何をすべきかに思いを巡らせ、日々実践しなければなりません。

④ 学級担任の1日

　小学校の学級担任の出勤から退勤までの仕事の流れと指導のポイントを、次の「表3-4」のように整理してみました。
　続いて、こうした1日の仕事の流れの中で、特に配慮すべき4つのポイントについて説明します。
　第1のポイントは、朝の挨拶です。
　子供たちは、学級担任の支援のもとに学級をつくり、"オラが学校"を支えていきます。そのためには、お互いが心を通わせ、絆を深めることが大切です。その始まりが、朝の挨拶による心の交流です。学級担任が率先して、元気よく子供たちにかける「おはようございます。」という声が、子供たちの生活を前向きにスタートさせる原動力となります。
　第2のポイントは、朝の活動の工夫です。
　子供たちのその日の頑張りは、朝のスタートの仕方に左右されます。落ち着

---

[2] 福岡県教育委員会『若い教師のための教育実践の手引』平成28年度版、「学級事務の内容」95ページ。

第3章　教師の仕事

表3-4　仕事の流れと指導のポイント

出　　勤	時間に余裕を持って出勤する。 ※窓を開けや教室の整頓、点灯をして、児童の登校を待つ。 ※登校した子供一人一人に明るい挨拶をする。
勤務開始 職員朝会	１日の流れや指導すべき内容の確認を図る。
学級指導	子供たちに１日の生活の見通しをもたせる。 ※出席や健康観察を確実にする。 ※連絡無く登校が遅れている子供は、家庭連絡を行う。
朝　の　会	気持ちの良い１日をスタートさせる工夫をする。
授　　業	意欲と集中を大切にした学習指導を心がける。 ※学習規律（姿勢、発表の仕方、机上整理等）を定着させる。
業間休み	共に過ごし、子供の観察や人間関係づくりを図る。
授　　業	子供のやる気を刺激する学習指導に心がける。
給食指導	心身の健全な発達を促す指導を行う。 ※配膳や食事マナーの指導、食物アレルギー対応を行う。
昼　休　み	子供の観察や同僚との情報交換を密にする。
清掃指導	教師も共に清掃に参加し、勤労意欲を育てる。
授　　業	メリハリのある学習指導に心がける。
帰りの会	１日を振り返らせ、明日の生活の改善につなげる。
学級指導	明日も学校へ行きたいという思いを持たせる。
放課後 勤務終了	１日の指導の振り返りと明日への準備をする。 ※活動のふり返りや期待のメッセージを板書する。 ※気になる子供の家庭への電話連絡や家庭訪問を行う。
退　　勤	他の教師への気配りをしながら退勤する。

いてスタートさせたいときは、読書や読み聞かせ、暗唱や講話などを仕組みます。また、意欲を喚起したいときには、スピーチや合唱、学級や子供一人一人のめあての確認などを仕組みます。朝の子供たちの雰囲気を瞬時につかみ、学びの姿勢づくりに配慮することが学級担任の役割です。

　第３のポイントは、職員室での情報交換です。

　気になる子の生い立ちや家庭環境、効果のある指導方法などの情報を持っている職員が校内にはたくさんいます。その情報を的確に入手し、その子の指導

第Ⅰ部　教職キャリアを高めるために

図3-2　情報交換のワイガヤ談義の風景

　に生かすことが大切です。その情報を得る場が職員室です。まず、たわいもないことを気楽に話し、互いに親交を深める雰囲気づくり（ストーブ談義）に心がけることがポイントです。そして、子供のことを中心に情報交換が飛び交う交流、いわゆるワイガヤ談義（ワイワイガヤガヤと談話するという意味）に発展させることが重要です（「図3-2」）。

　そのためには、机の上に相手の顔が見えなくなるまで高く積まれた書類の山を整理し、顔を合わせて対話できる環境づくりを心がけることが大切です。情報交換の中で知り得た子供の個人情報は、他に漏らさないように十分気をつける必要があります。

　そして最後のポイントは、今日の学びを明日につなぐための「図3-3」のような「黒板メッセージ」の活用です。

　子供たちは日々学びをつなぎながら、成長を続けています。その学びは、一日一日が途切れたものではなく、つながりの中で伸びていきます。そこで、学びをつなぐ一つの手立てとして、放課後に黒板にメッセージを記すことが効果的です。例えば、自分勝手な行動が見られた日には、「先生も悲しかったよ。明日は思いやりのある学級になってほしいな。」子供たちが一生懸命に頑張った日には、「涙が出るほどうれしかったよ。この頑張りを、これからの活動に続けてほしいな。」といった担任である私からのメッセージをアイ・メッセー

第3章　教師の仕事

図3-3　黒板メッセージ

ジのかたちで伝えます。子供たちは、次の日の朝、黒板のメッセージを通して学級担任の思いに触れ、昨日までの学びのもとに、新たな気持ちでよりよい学級をつくろうという意識を高めていきます。

　本章では教師の仕事について考えてきましたが、教師の仕事は子供との信頼関係なしには成立しないものです。子供は、「先生、私を見て。」「もっと知って。」という思いをもって登校してきます。教師は、その願いをしっかり受け止めてやらなければなりません。子供一人一人のありのままの姿を理解し、その個性を大切にしながら、あるべき姿に向けた支援を心がける。このたゆまぬ努力が、信頼という教育の基盤を培っていきます。

●コラム5　朝の会は、1日のスタート！

　朝の会の流れとしては、①朝のあいさつ、②健康観察、③今日の予定、④先生の話、⑤朝の歌などが一般的です。
　朝の会は、子供たちにとって学校生活のスタートをする場です。朝のあいさつは、明るく元気のよい声でさせましょう。あいさつが上手にできないときは、その場で、やり直しをさせることが大切です。また朝の会での健康観察は重要です。子供たちの出欠状況をチェックし、一人一人の表情を見ながら健康状態を把握しましょう。もし無断欠席がある場合には、できるだけ早く保護者と連絡を取って、欠席理由などを把握することが大切です。朝の歌を全員で歌ったり、リズム運動をしたりするなどして、楽しい活動を仕組みながら1日の出発を意義あるものにしましょう。先生の話は、時間割や学習予定、学校生活上の注意点などを知らせ、今日の学校生活の心構えをつくることが大切です。「よし、今日もがんばろう。」とやる気にさせる話を工夫することです。昨日の活動でよかったことなどを取り上げ、具体的にほめることも大切です。

●コラム6　4月は、信頼関係の構築に全力を注ぐ

　始業式での担任発表は、子供も保護者も一番大きな関心をもっています。特に新採の教師は、未知数であるが故に期待は一層高まります。子供たちとの出会いから約1ヶ月間は、「教師と子供のハネムーン期間」といわれ、子供たちは担任への試しの行動を繰り返します。このお互いのことを探り合う期間をそう呼ぶようですが、現実は、子供たちが「担任の値踏み」をする期間といえます。
　4月の学級づくりのスタート時期は、1年間を左右する大切な時で、いかにして子供や保護者との信頼関係を築くかが重要なのです。教室環境づくり、保護者会、家庭訪問、学級通信など、子供と保護者が目にふれるものや応対に細心の注意を払い、学級担任として「子供たちをどのように育てようとしているのか」についての明確なメッセージを発信することが大切です。信頼関係は、4月で決まるといっても過言ではありません。

第4章
学級経営

　学級は子供たちが登校から下校までの間、各教科等の内容を学習し、友達とおしゃべりをしたり、遊んだりする学校生活の基盤となる場所です。この楽しい居場所づくりを推進することが学級経営であり、この学級づくりを担うのが学級担任です。

1　学級経営の意義と内容

（1）学級経営の意義

　学級経営とは、学級を単位として展開される教育指導を効果的に行うために必要な諸条件を整備し、学級集団づくり、すなわち学級における子供たち相互のよい関わり合いを創り出すことや、学習指導などを行うことです。また、学校の教育目標を具現化していく取組でもあるのです。このため、子供たちが自分や友だちのよさに気づき、それを発揮し合いながら、自己の存在感や所属感、自己実現の喜びを味わうことができる場所でなくてはなりません。
　では、学級経営の意義とは、どんなことでしょうか。少し、専門的になりますが、学級経営には、①学習指導（教材を通して子供に認識過程を深める働き）と②学級集団づくり（子供の人間関係を整え、望ましい関わり合いを創りだす働き）の二つの働きがあります。その働きを日々の学習指導や生徒指導を通して十分に機能させ、知識、技能等の能力や態度、集団のルールや規範意

識、社会性などを育て、豊かな人間性を形成していくことが学級経営の意義です。

（２）学級経営の内容

　学級経営を進めるうえで考えなければならない内容とは、どんなことでしょう。そこには大別して、「子供理解」を基盤とした望ましい集団活動を通して「学習指導」や「学級集団の育成」、「生徒指導」、「健康・安全指導」等を中心とした機能的側面と、「教室環境の整備」や「保護者との連携」、「情報の発信と管理」、「学級事務処理」等の教育活動を充実させる条件整備的側面があります。このように、学級経営の内容は多岐にわたり、それらに関するすべての教育活動がその内容となります。その中から学級経営の基盤となる「子供理解」について詳しく説明すると、子供理解とは、子供の発達特性や持ち味、行動の傾向性などを多面的、客観的、総合的に把握することです。

　子供理解の内容には、目に見えるものとしての外面的要素と、目に見えないものとしての内面的要素に分けることができます[1]。

　◇外面的要素：学力・体力の状況、子供相互の人間関係、学校・家庭での様子

　◇内面的要素：特性、言動の背景にある想いや考え、不安や悩み等

　また、子供理解の方法には、直接的な理解の方法と間接的な理解の方法があります。

　◇直接的な方法　・学校生活の様々な場面での観察により理解する。
　　　　　　　　　・子供と遊んだり、話したりしながらの観察により理解する。
　　　　　　　　　・テストやアンケート調査、面接や日記、作文から理解する。
　◇間接的な方法　・保護者との面談を通して理解する。
　　　　　　　　　・教職員のネットワークによる情報収集から理解する。

　子供理解のためには、日頃から温かく子供に寄り添い、子供の気持ちを共感的に理解し、子供との信頼関係や子供相互の好ましい人間関係を育てることが

1　福岡市教育センター『学級経営を充実させるために』平成23年度版、1ページ。

大切です。子供のことを子供の身になって考え、楽しい学級経営をするために、常に、自己の指導を振り返り、信頼される学級経営の実現をめざしていきたいものです。

② 学級目標と目標設定の手順

（1）学級目標とは

　子供一人一人は、学級に対して「こんな学級にしたい」とか、「こんなことが大切にされる学級でありたい」などの願いをもっています。また、学級担任は、学校の教育目標の具現化に向け、学年の発達段階や子供の実態に応じて「どんな学級づくりをしていくのか」についての構想を描きます。この学級に対する「子供の願い」と「教師の願い」が同じ方向を向き、学級としての価値観を共有し創造していくよりどころとなるのが学級の教育目標です。

　それは、一人一人の子供の伸長をめざした集団としての目標であるとともに、学級の一員としてのより望ましい子供像を揚げたものです。その目標は、学校や学年の教育目標よりもさらに具体的であり、個性的であり、実行に移すことが可能なものでなくてはなりません。つまり、学級の教育目標は、学級のあるべき姿を示すもので、1年間の学級の教育活動の到達点でもあるのです。

　では、低学年、中学年、高学年の学級目標の例を、めざす子供像として挙げてみましょう。学年の発達段階を考えるとめざす子供像は、次のようになります。

　低学年……めあてをもって楽しく学習に参加できる子
　中学年……学習のめあてをつかみ、進んで解決しようとする子
　高学年……自らめあてをつかみ、いろいろな方法で解決しようとする子

　学級目標が学級みんなのものとなるためには、子供が自らよりよい学級生活を築いていくことができるように子供の願いを具体化させ、係活動などの自主的・協働的な活動の中で具現化させていくことが大切です。

（2）学級目標設定の手順

　学級開きの1日目、子供たちとの初めての出会い、学級担任として子供たちに何を語りかけるのか。担任である教師は、新たな決意をもって夢を語ります。新しい学級の担任となり、「こんな学級にしたい。子供たちをここまで育てたい。」と張り切りすぎて、教師が一方的にめざす学級像や子供像を押しつけたり、逆に、子供にまかせてしまったり、一部の子供の意見で学級目標が決められたりしてはなりません。では、どう進めればよいのか。学級目標設定の手順について、小学校の事例を挙げて考えていきましょう。

【手順1】教師がめざす学級像、子供像を明確にし、子供の思いや願いを捉える。

〈教師の思い〉めざす学級像、子供像について
○3年生になって学級替えがあったので、子供たちの人間関係をつくりたい。中学年として、できるだけ子供たちの力で活動に取り組ませたい。
〈子供の願い〉めざしたい学級生活について
○学級の友達のことを知って、早く仲良くなりたい。みんなで楽しく過ごせるクラスにしたい。

　学級担任は、子供たちの人間関係が醸成される学級、そして、自発的に進んでする実践力をもった子供を育成したいと考えています。子供たちは、学級のみんなが仲良くなって、楽しい学級生活を過ごすことができるようにしたいと願っています。このような各々の思いを明確にしていきます。

【手順2】学校の教育目標に内包される子供像を焦点化し、学級の子供像とリンクさせる。

　このときの手順として大切なことは、学校の教育目標の分析を行って、学年の教育目標の発達段階等の系統性や特性を考慮し整合性を得るようにすることです。それでは、次の実践例をもとに説明してみましょう。

〈学校の教育目標〉

「知」しっかりと考える子　「徳」思いやりのある子　「体」身体を鍛える子

　上記のような学校の教育目標の中にある、「知：しっかりと考える子」に内包される資質・能力について考えてみましょう。それは次のように分析できます。
　　・話を聞くことができる。　　　・相手の気持ちになって聞くことができる。
　　・考えを比べながら聞くことができる。
　　・自分の考えをもつことができる。　・筋道立てて考えることができる。
　　・考えの違いを明確にして話すことができる。
　　・筋道を立てて順序良く話ができる。　　など
　次に、「徳：思いやりのある子」に内包される資質・能力について考えてみましょう。
　　・友だちにやさしくできる。　・「一緒に遊ぼう。」と声かけができる。
　　・相手の立場に立って考え接することができる。　　など
　最後は「体：身体を鍛える子」に内包される資質・能力について考えてみましょう。
　　・外で元気よく遊ぶことができる。　・毎日元気に学校に来ることができる。
　　・早寝早起きができる。　　　　　・朝ご飯をしっかり食べることができる。
　　・衣服の調整ができる。　　　　　・好きな運動に取り組むことができる。
　など
　このように学校の教育目標を分析し、次に、分析した資質・能力の中から学級のめざす子供像に合うものへ焦点化します。学級の子供の実態を踏まえて身に付けさせたい資質・能力を下線を引いた内容のように明確にしていくのです。

　【手順3】子供の新しい学級生活への思いや願いをもとに、めざす学級像を
　　　　　出し合わせ、決定する。

　次のページの「図4-1」は、4年生の4月当初、子供たちに学級活動の時間での話し合いで、どんな学級にしたいのか、議題「学級目標をつくろう」、め

第Ⅰ部　教職キャリアを高めるために

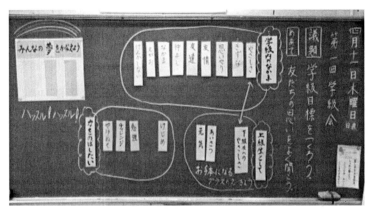

図4-1　「学級目標をつくろう」の板書（宗像市立東郷小学校4年生）
（1990年4月）

あて「友達の思いをよく聞こう」のもとに、子供たちの自発的な話し合い活動として取り組ませた時の板書記録です。

　この話し合い活動では、「学級の仲間」「4年生として」「力を伸ばす」というキーワードから意見が出し合わされました。子供たちは、全員が考えを出し合い、次に分類・整理して、最後にそれぞれの思いを共有し、自分たちの力で、共通理解を図りながら、めざす学級目標を創り上げていきます。そうすることで、子供たちの活動が学級目標を実現する共同実践となるのです。担任は、話し合い活動の様子を見守り、子供たちの考えを整理しながら、必要に応じて先の「手順2」で行った身につけさせたい資質・能力の具体的な例を紹介するなどして、子供たちの話し合いを支援し、全体としては子供たちの力でまとめられるように進めていくことが大切です。

【手順4】めざす子供の姿を具体的な行動目標として子供たちに理解させ、教室の前面に掲示し、指標とする。

　ここでは、低学年の事例を挙げて説明します。例えば、「なかよくできる子」を具体的な行動目標として捉えると、「相手の目を見て、大きな声ではっきりと聞こえるように『おはようございます。』とあいさつできる」というようになります。このように、めざす子供の姿を子供たちに理解させるために、学級

第4章　学級経営

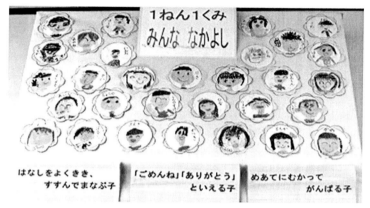

図4-2　1年生の学級目標（宗像市立日の里西小学校）

担任が具体的な例を出して子供たちに語りかけ、説明することが大切です。

〈担　任〉「仲良くするって、どうすることでしょうね？」
　　　　　・あいさつする時は　・仲直りをする時は　・助けてもらった時は
〈子　供〉「相手の目を見て、大きな声であいさつする。」
　　　　　「ごめんなさい、仲良くしようね。」
　　　　　「ありがとう、うれしかったよ。」など

　このようにして、学級みんなの総意と納得を形成しながら新しい学級の目標を創っていきます。
　上の「図4-2」は、1年1組の教室の正面に、みんなで考えた学級目標を掲示したものです。この学級目標には、子供一人一人の自作の似顔絵と名前も添えられ、子供たちの思いや願いが込められています。育成すべき資質・能力の具体化も、1年生に理解できるように工夫して示されています。
　このように、学級目標は理想の学級像や子供自身が向上していくための1年間の指標となるのです。

③ 主体的な態度の育成をめざす学級づくり

　教師と子供がともに創り上げた学級目標に向かって、子供が主体となって活動する学級は、とても魅力があります。このような学級づくりは、教師の一方的な指導では、うまくいきません。子供が自主的に力を合わせ、学級の諸問題について役割分担をして解決していく自発的な活動を展開していく必要があります。その一つに係活動があります。以下では、係活動を通して子供自らがよりよい学級生活を築いていく「自主的な態度を育成する学級づくり」について紹介したいと思います。

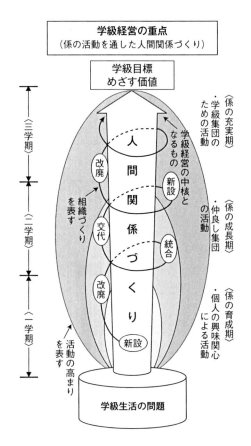

図4-3　学級経営の構想図

（1）学級経営と関連させた係活動の計画

　子供たちの自主的活動は、自分たちの学級生活の向上をめざして展開されますが、教師は、めざす学級の姿について具体的な内容を常に把握しておくことが重要です。例えば、学級生活に役立つ活動やきまりができる、新しい組織が生まれる、学級の友だち関係が深まる、学級の財産となる共通体験が増えることなどです。同時に子供たちに、それができるようになることにどんな値打ちがあるのかを

明確に語ることも大切です。

　次に、1年間の子供の自主的活動（係活動）をどう展開していくのかを自分の学級経営の構想の中で、明確にしておくことです。前ページの「図4-3」は、係活動を通して、学級の人間関係を向上させる学級経営の構想図です。子供にとって学級に役立つ係活動を工夫することは、意義のある活動になります。その際、何をどのように工夫・改善しているのかを明確にするように励ますと、子供たちの人間関係づくりが促進され、よりよい学級づくりができます。「図4-3」に示したように、1年間の係活動を係の育成期、係の成長期、係の充実期の3つに分けてめやすとし、他方で係の、新設、改廃、統合して、交代を経ながら係活動の高まりをめざすことが考えられます。

（2）新しい係づくり

　新学期に係をつくる時には、教師の仕事のお手伝い係であったり、一律に子供に押しつけたりした係であってはいけません。そのことを前提に、低学年・中学年・高学年の発達段階に応じた新しい係をつくる際のポイントを紹介します。

　①小学校低学年

　担任は学級の子供たちの前で、次々といろいろな仕事を楽しそうにし、子供にその仕事ぶりを見せることです。すると、子供は、必ず先生のまねをしてきます。このとき指導のチャンスです。ある1年生の担任は、次のような指導をしました。

　「この仕事は、先生がどうしてもやりたいの。あなたは、違う仕事をさがして……そうしたら、それをあなたの仕事としてさせてあげる。」と発言しました。実に、うまい指導です。自分が見つけた新しい仕事を子供に確認させ、「私もやりたい！」という決意をもたせ安全を確認してから、その係につけているのです。そうすることで、子供の自主性を育てています[2]。

2　坂田紳一「自主的態度の育成をめざす組織づくり」、月刊誌『特別活動研究』明治図書、1992年5月号、29～31ページより引用。

②小学校中学年

新しい係は、見つけようと思えばどこにでもあります。特に、3年生ぐらいになると、子供たちからいろいろな係の提案が次々と飛び出してきます。集団意識の発達とともに、あれもやりたい、これもやりたいという意欲が子供たちに出てきます。学級のために役立つ係かどうかを、対話や試行をを通して見極めさせ、係の創設をすることが大切です。

③小学校高学年

係を新設したり改廃したりするときは、児童会活動とのつながりも考慮に入れなければなりません。しかし、児童会活動の各組織と学級の係活動とでは、その規模や仕事の性質において違いがあるので、単に機械的に合わせることは避けなければなりません。さらに、高学年ではリーダーの育成指導に重点をおき、リーダーを中心とした活動に切り替えていくことも大切です。

（3）係の見直しと統合

子供たちは、「放送係は学級内での仕事がないので、新聞係と一緒にやらせてください。」「花をかざる花係と、カーテンや傘を整頓する整理係を合わせて整備係にしたらどうですか。」などと、自分たちの活動の現状を踏まえて、係と係を統合したいという願いを出してきます。また、低学年の係がそのまま引き継がれている場合、しだいに係活動がマンネリ化してきます。この時が係の統合をするチャンスです。一人一人の仕事がみんなの生活に結びついていること、その実践によってみんなの生活がよりよくなってきていることなどについてふり返らせ、係の見直しや統合を進めていくのです。

学級集団としての向上発展に役立つ面があると同時に、集団の中で自己を正しく生かすことができるように学級内の係活動を展開し、担任の適切な指導のもとに子供たちの力で自主的、自発的、実践的にみんなの願いが叶う方策の実現に取り組ませていくことが大切です。

④ 学級づくりを支える取組

(1) 学級通信の役割

　保護者との連携を強め、信頼を深めるために、学級通信は大きな役割を果たします。それでは、学級づくりに生かす学級通信とはどのようなものかを考えてみましょう。ここでは、学級通信を発行するねらいや役割について学んでほしいと思います。

　まず、保護者に、学校や学級の教育目標を具体的に知らせるために、「今、学校は何をめざし、それを達成するためにどんな教育活動をしているか」「子供たちは、今、どんなことをがんばっているか」ということを子供の姿を通して発信するのです。また、担任の教育観や指導観を示し、担任として子供をどのように観ているか、何を大切にして指導しているのかを知らせ、保護者に理解してもらうというねらいをもって発行します。そのために、担任は学級という集団との関わりの中で、一人一人がどのように成長しているかを学校生活の様々な場面で捉える必要があります[3]。子供一人一人のよさをわかりやすく知らせることで、保護者の担任への信頼が深まり、保護者との連携が進みます。学級通信がこのような役割を果たすために、担任は次のようなことを考えながら学級づくりを行う必要があります。

　まず、めざす学校目標や学級目標を、日々の教育活動で意識することです。特に、学級目標は、子供たちが日々の学校生活の中で、考え、行動できる内容にしておく必要があります。そして、子供たちのよさを見つめ、よさを認め、よさを伸ばす学級づくりを実践することです。そのためには、教師としての感性を磨き、子供を見る目を鍛えなければなりません。具体的には、子供の変容に気づいた時に、時機を逃さずにメモをする習慣を身に付けるとともに、折々にそれらのメモを読み返したり、総合的に読んでみることが大切になってきます。

---

[3] 福岡県教育委員会『若い教師のための教育実践の手引』平成28年度版、102ページ。

> 　6年1組を担任することになりましたMです。子供達にとって大切な最終学年の1年間、子供とともに頑張りますので、保護者の皆様のご協力とご支援をお願いいたします。
> 　担任を受けもつに当たって、「あたり前のことがあたり前にできる子供に育ってほしい」と願っています。人を大切にすること。感謝すること。もしかすると、人によってあたり前と思うことが違っているかもしれません。どんなに価値観が違っていても、いじめは許せません。いたずらや悪ふざけなどで、相手が「やめて。」と言っているのに、やめないと、相手は不愉快な気持ちが強くなり、いじめられているという思いが生まれます。
> 　この1年間、何を大切にしなければならないのか、それはどうしてかを考え、わかり合っていきたいと考えています。時には、友達と意見が衝突することがあるかもしれません。でも、それは、わかり合おうという気持ちがあれば、きっと解決していけるものと信じています。「あたり前のことがあたり前にやれて、あたり前のことに感動・感謝できる」子供たちになってほしいと思っています。くわしくは明日の学級開きの中でお話をさせてください。(S小学校のM教諭が発行した学級通信の一部を抜粋)

　この学級通信は、M教諭が平成25年4月8日、6年4組を担任することになって発行した第1号の学級通信の冒頭部分からのものです。
　この文章には担任としての思いや願いが込められています。それは、5年生の時の4つの学級から集まった子供たちで編制されたクラスだったからです。5年生の担任4人の学級経営の方針のもと、1年間過ごしてきていますので、6年1組の担任として新たに学級づくりを始めていかなければなりません。そこで、学級づくりに生かせる学級通信を活用して、子供たちへの担任としての願いを述べたのでした。
　新年度の4月は、子供やその保護者は、「今度の担任はどんな先生なのだろう。」と興味津々です。この時期に、学級通信を通して、担任としての願いやめざす子供像を具体的に載せて理解を求めることは大切なことです。
　「みなさんには、あたり前のことがあたり前にできる人に育ってほしい。」という言葉に、担任としての願いが凝縮されています。また、次の日の学級開き

につながる文章で終わっていることは、担任への期待感をもたせることに結びついています。

このように、学級通信も学級づくりを支える重要な手立てであることを意識してください。そして、初めて発行する学級通信第1号に、担任としての子供たちへの願いを込めましょう。

（2）家庭訪問の役割

家庭訪問は、教師と保護者の間に確かな信頼関係を築くために行います。その目的は、家庭における子供の実態を捉え、保護者の教育に対する願いを把握するためです。

年度初めの家庭訪問は、子供の自宅がある場所の確認と保護者へのあいさつ、そして家庭での子供の過ごし方や家庭の雰囲気を知るために計画的に行います。保護者との信頼関係を築くための第一歩ですから、学校での子供の様子を具体的に報告して、教師の熱意ややる気を伝え、良い第一印象をもってもらうように努めることが大切です。家庭訪問の前には、「お子さんのことについて質問します。」、「質問や要望があれば考えておいてください。」などといったことをあらかじめ保護者に伝えておくようにします[4]。そのことによって、滞在時間が均等になり、時間を有効に使って会話することができます。

日常の家庭訪問では、保護者に伝えなければならないことや子供の欠席が続いたりしたら、必ず訪問するように心がけましょう。子供は自分が欠席した日に担任の先生が訪問してくれたら、「気にかけてもらった。」とうれしく思い、担任への信頼感も高まります。また、欠席した子への家庭訪問は、不登校の予防につながる効果もあります。家庭訪問によって、「自分もクラスの一員として大切に思われている。」と子供に安心感や存在感をもたせ、登校を促すことができます。

学校に保護者から苦情の連絡が入ったとき、直接話した方がよいと感じたら、すぐに家庭訪問を行う必要があります。保護者は、子供の学校での友だち

---

[4] 中嶋郁雄『新任3年目までに身につけたい保護者対応の技術』学陽書房、2015年、153ページ。

とのトラブルや担任の対応に対する不満について電話をかけてくる場合が多くあります。このような場合は、家庭訪問をして誠実に対応する姿勢が大切です。事前に了承を得ての訪問になりますが、特別な理由がない限り、家庭訪問を断る保護者はほとんどいません。直接顔を見ながら話すことで、トラブルが収まる場合が多くあります。苦情をいっていた保護者が、「家まで来てもらって」と、恐縮されることもしばしばです。教師は「家庭に足を運ぶ」という意識をもって、家庭訪問を積極的に行う気持ちが大切です。そのことが、保護者や子供との信頼関係を深め、充実した学級経営につながります。

(3) 問題行動への対応

　問題行動とは、学校における子供の学業や学校生活を阻害する行動をさします。それは、いじめ、不登校、万引き、喫煙、飲酒、薬物乱用、暴力行為などです。その中で、特に、気をつけておかなければならない「いじめ問題」を事例として取り上げます。

> 　A小学校の5年生B子は、同級生の男子のグループから「きたない」と言われたり、無視されたりするなどのいじめを受けていた。担任はそのいじめについて、いじめた子供や学級全体に指導を行い、いじめは解決したと思っていた。しかし、担任の知らないところでいじめが継続しており、B子は保護者に「いじめられているので学校に行きたくない。」と訴えた。その訴えを聞いた保護者から、校長に学校の指導の不十分さについて強い抗議があった。

　この事例について考えてみると、いじめられた子供は心理的に非常に追い詰められた状況となるので、本人の立場に立って共感的に関わり、心のケアを図ることが求められます。この事例では、いじめに対して担任だけで対応していたと考えられますが、いじめの指導にあたっては、学校全体で取り組み、組織的に対応する必要があります。また、担任による今までの指導経過から保護者との連携が不十分であったと考えられますので、誠意ある対応を行うことで信

頼の回復を図らなければなりません[5]。そこで、担任として、次のようないじめに対する基本姿勢をしっかりともつことが重要です。

◇「いじめは、人間として絶対に許されない」という強い認識をもつ。
◇「いじめられている子供を最後まで守り抜く」という信念をもつ。
◇「いじめはどの学校でも、どの子にも起こりうる」という危機意識をもつ。

次に、いじめが起こった後、担任としての指導を行う場合に心がけておかなければならないことを述べますので、しっかり心にとめてください。

まず、いじめられた子供に対しては、保護者の了解を得たうえで、事実確認を行います。その際、子供の思いや願いをしっかりと聞きながら、できるだけ詳しく聞きます。また、時間をかけて共感的に行います。

次に、いじめた子供に対しては、正確に事実を把握します。その内容は、5Ｗ１Ｈにいう、いつ（When）、どこで（Where）、だれが（Who）、なにを（What）、なぜ（Why）、どのように（How）に基づいて行います。

その際、子供の人権やプライバシーに配慮するとともに、思い込みや憶測が入らないように慎重に行います。そして、まわりの子供に対する指導では、いじめられた子供のつらさを理解させるとともに、はやし立てたり、傍観したりする行為がいじめを助長させることを理解させ、いじめを許さない態度の育成を図ります。

いじめの事実を伝えて指導する場合は、必ずいじめられた本人とその保護者の了解を得て行います。また、いじめられた子供の保護者への対応では、その保護者の思いをしっかりと聞き、これまでの指導で不十分な点があれば謝罪します。そして、いじめられた子供とその保護者に、学校で安心して生活できるようにすることを約束するとともに、具体的な対応については、今後、継続して連絡を取り合う中でその都度に説明していくことを伝えます。

このようにして、いじめが起こった場合の事後指導を行い、子供や保護者との信頼を回復していきます。

---

5 元兼正浩　福岡県教育センター専門研修「危機管理講座資料」福岡県教育センター、2007年、23ページ。

それでは、いじめを生まない学級づくりは、どのようなことに気をつけて行えばよいのでしょうか。
　まずは、教師として、いじめは絶対に許さないという姿勢を日頃から子供たちに示すとともに、いじめを見抜く感性を磨くことです。そして、各教科等の授業はもとより、授業以外の学級や学校生活のあらゆる場面を通して、子供たちの自尊感情を高め、自己存在感をもたせるようにします。子供は、自分が学級の中で必要とされていると感じれば、周りの子をいじめたりしません。そのために、子供たちに係活動や委員会活動の中で自分の仕事内容の意味や意義を自覚させ、責任をもって仕事に取り組ませることが大切です。そうすれば、「人の役に立った」、「人に必要とされた」、「人に認められた」などという感覚が育ちます。それが、認め合う学級、いじめを生まない学級づくりにつながります。

（4）地域との連携

　学校には、保護者や地域住民から子供のことについてよく電話がかかってきます。最近の内容は、学校に対する意見や要望も多様化しています。その内容は、学校をよくしたいという思いや善意によるもの、保護者として子供の成長への願いや思いから生じたもの、学校の状況説明や情報が正確に伝わっていないための誤解によるものなど様々です。
　このような保護者や地域からの要望等への対応の基本姿勢は、どうあるべきでしょうか。
　まず、要望に嫌悪感を抱かないことが大切で、要望の背景などをさぐる必要があります。また、学校からの情報がどのように伝わっているのかをつかむことが重要です。そして、組織的な対応を行うようにします。また、保護者や地域住民と連携する場合、最初が大事です。学校に対する意見や要望を素直に受け止め、連携の第一歩にすることです。そこで、よりよい対応を行うためには、先入観で相手を見たり、勝手に決めつけたりせず、そのときの保護者や地域住民の声に耳を傾け、その背景にある事情や心理を把握することが大切になります。素朴な質問や相談であっても、学校の対応が不適切なものだったり誤

解されかねないものだったりすると、学校に対する不満や不信感が生じ、無理難題や過剰な要求に発展することがあります。逆に、最初は不満や苦情であったのに、よく聞いて丁寧に対応していくうちに、お互いの誤解が解け、相互理解が深まり、学校の強力な味方になってくれることさえあります。これも本来は学校も家庭も、子供のためにという同じ目標を共有しているからです。

地域の皆さんの地域に対する熱い思いに触れることで、多くの学びがあり、将来の教師の仕事に生かすことができるのです。

●コラム7　受容・傾聴・共感の姿勢

教師の「受容・傾聴・共感」の姿勢が、保護者や地域との連携をスムーズにしてくれます。連携の基本は、相手の立場に立って、よく話を聞くことです。「相手が今このような言動をとっているのは、何かやむにやまれぬ事情があるのだ。」と想定して、本当は何を願っているのかを聞き取るように努めることで、その背景に隠れていることが見えてきます。これを丁寧に行うことで、その後の展開が大きく変わります。自分だったらどのように聞いてほしいのだろうと想像してみるとわかります。誰でも、批判や反論されることなく聞いてもらえると、「わかってもらえた。」という安心した気持ちになれるものです。

●コラム8　忙しさは教師を育てる

学校現場で働いている教師は口癖のように「忙しい。忙しい。」と言います。

実際、授業以外に、教材研究、採点や集金などの学級事務、個別指導や評価、校務分掌上の仕事、研修のための出張、学校行事の準備、保護者対応など教師の仕事は大変多く、その職責を遂行するのにパニックに陥ることもあります。一生懸命に努力しても結果がすぐには現れず、報われないこともあります。

人を育てるという教師の仕事は大変崇高なものであるからこそ、並大抵の努力ではできないものばかりです。しかし、忙しいのは、子供たちのためにできる最善のことを求めて、常に教師自身が頑張っていることの証ではないでしょうか。忙しさという逆風に真正面から向かい合うことは大変苦しいことですが、それを乗り越えることは、教師としての力量を増大させる大きな原動力となります。

第5章
学習指導

1　学習指導についての基本的な考え方

（1）学習指導の構造

　学習とは何でしょうか。教育学事典等で学習の意味を調べてみると、様々な定義付けがなされています。「一定の経験をする前と後で行動の仕方に持続的な変化が生ずれば学習」（『新教育心理学辞典』金子書房、1989年）、「経験し行動することによって一つの行動機制が成立したり改変したりする過程」（『現代教育用語辞典』第一法規、1989年）、「経験による比較的永続的な行動の変容または改善」（『哲学事典』平凡社、1988年）等です。言い回しは違いますが、共通するキーワードとして変化、改変、変容という言葉が浮かび上がってきます。つまり、学習者にとって学習する前と学習した後で「変わること」が大切であるということです。そうした意味で、わかりきったことを発表し合ったり、すでに十分理解している問題を解いたりすることは、厳密にいうと学習として成立していないことになります。本章では、学校等の場において教育課程と単位時間を決め、教師のもとで計画的に進められる学習指導は「授業」であることから、「授業とは何か」ということについて考えていきましょう。

　子供たちが学校において、最も長い時間を過ごすのは、もちろん授業時間です。実質的に学校で過ごす時間の3分の2は授業時間で占められているのですから、教師は、授業の充実に力を注がなければなりません。

ここで、授業の構造を簡単な図で表してみたいと思います（「図5-1」）。

（◯）が、現在の子供の姿です。子供だけの努力で目標とする◯に到達できればよいのですが、子供は、そう願うとは限らない、他の考え方に出会えない、適切な解決方法が思いつかない等の壁（〜〜の部分）が立ちふさがります。そこで、教師が指導することによって、子供だけでは、到達が難しかった、目標◯にたどり着かせるようにするのです。

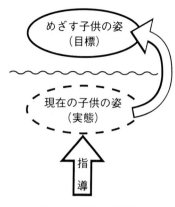

図5-1　授業の構造

いいかえれば、（◯）から◯に変容させていく試みが、基本的な授業の構造です。授業の指導案も、この関係を第三者にもわかりやすく示したものなのです。

（2）授業が成立していない例

「実態」と「目標」と「指導」という関係をもとに、授業がうまくいかない場合の例について考えてみましょう。

①指導の方法が機能しない場合

まず、「図5-2」のように指導の手立てがうまく機能せずに、目標が達成できない場合があります。体育で「跳び箱を跳べるようにする」という目標を達成させたいのに、指導の方法として話し合いばかりさせても目標達成は困難です。目標達成のために適切な方法を考えられるかどうかは、授業がうまくいくかどうかの大切なポイントです。特に経験の少ない若い先生にとって適切な方法を選択することは、なかなか難しいことです。そ

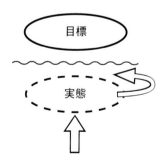

図5-2　方法が機能しない

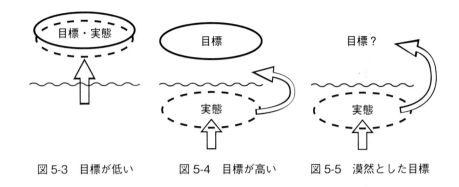

図5-3　目標が低い　　図5-4　目標が高い　　図5-5　漠然とした目標

のためにも、現場では積極的に先輩の先生と相談したり、優れた実践事例集などを読んだりして自分なりにそうした方法を取り入れていくことが大切です。

②目標が低すぎる場合と高すぎる場合

　小学校2年生に一桁の足し算の問題をさせて全員ができたから授業が成功したとは必ずしもいえません。なぜなら、すでに子供たちは目標を達成した状態にあるからです。「図5-3」のようにすでに修得した学びを繰り返しても、それは練習であって、厳密な意味での授業とはいえません。しかし、研究授業などであっても、発言率を上げるためにすでに子供たちがわかっていることを目標に掲げた授業を見受けることがあります。

　逆に、「図5-4」のように目標が高すぎて目標達成が困難な場合も考えられます。その学年でねらう学習の目標は、学習指導要領をもとに設定しますが、どうしても実態に合わない場合は、学級の実態に応じた目標に修正し、スモールステップの目標で臨むことも考えられます。そして、年間を通して最終的に学習指導要領の目標を達成していくことが大切です。

③目標が漠然としている場合

　これまで見てきたように、指導方法を考えることももちろん大切ですが、実は授業において目標をどのように設定するかがとても大切です。実際に授業がうまくいかない例は、指導の方法の問題というよりも、目標の立て方そのものに問題がある場合が多いようです。その中でも、意外に多いのが「図5-5」の

ように目標が漠然としていて、果たして何ができれば目標到達なのかがわかりにくい事例です。例えば国語科「ごんぎつね」の授業で「ごんの気持ちを想像することができる」という目標を設定したとします。この目標には「想像すること」だけしか示してありませんので、子供たちが「悲しかった」「うれしかった」「ほっとした」など、たくさんごんの気持ちを想像して出し合えばそれで、目標達成となってしまいます。しかし、できていることを出し合うだけでは「変容」をめざしている授業が成立したとは言い難いのです。

このように、一見すると良い授業に見えても、最終的に子供の変容という目標が達成できていなければ、授業は成立していないといえます。授業とは、子供をどこに到達させたいかを教師が明確に把握しておかなければ成り立たないものなのです。

② 求められる学力と学習過程

(1) 求められる学力

前節の基本的な考え方で述べてきた通り、授業が成立するためにまず大切なことは、どんな活動をさせるか、どんな方法を選択するかではなく、子供たちをどこへ導こうとしているのかという目標の設定です。そのためには、授業の目標となる学力の構造を理解しておくことが必要になります。そこで、学力とは何で、どのような構造をもっているかを理解することから始めましょう。

まずは、文部科学省が子供たちに育もうとしている「生きる力」について考えてみます。文部科学省が掲げる「生きる力」の構造は、次ページの「図5-6」のようになっています。知・徳・体のどれかが重要というものではなく、バランスが大切であることを示しています。生きる力は全教育活動を通して育てるものです。授業でも、「確かな学力」「豊かな人間性」「健康・体力」のいずれか、あるいは、いくつかを組み合わせて目標として設定する訳ですが、「確かな学力」についてはもう少し細かく構造化されているので、そこを詳しく見てみましょう。

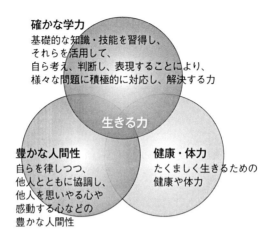

図5-6　生きる力の構造（文部科学省）

```
               ┌─ 積極的に対応する意欲　　……対象に働きかけるエネルギー
確かな学力 ─────┼─ 思考力・判断力・表現力　……解決処理・思考方法
               └─ 基礎的な知識・技能　　　　……解決処理の道具
```

　確かな学力とは、子供が意欲的に対象に働きかけるために必要なエネルギーとなる「積極的に対応する意欲」、問題解決に用いるための道具である「基礎的な知識・技能」、問題の解決処理・思考方法となる「思考力・判断力・表現力」が一体として身に付いた状態をいいます。ただし、これらの学力を構成する要素には、1単位時間の授業で身に付けられるものもあれば、中長期的な指導の積み上げが必要になるものもあります。主に「基礎的な知識・技能」は前者、「思考力・判断力・表現力」や「積極的に対応する意欲」は後者にあたります。これらの学力を向上させていくためには、1単位時間の授業の見通しを立てるだけでなく、教職員が心を一つにして、保護者や地域と協力しながら、中長期の展望をもって計画的に進めていかなければなりません。

（2）学習過程の工夫

確かな学力の向上をめざす授業には、次の「表5-1」「表5-2」「表5-3」のような3つのパターンがあると思います。これを知っていると、「今日の授業は、

表5-1　問題解決型

主にねらう学力	学習過程	子供の思い
○意欲	①問題発見	なぜだろう、調べてみたい。
○思考力	②解決方法の予想	こうしたらよいのではないかな。
判断力	③解決のための取組	実際にやってみよう。
表現力	④結果の交流	わかったことを確かめよう。
○知識・技能	⑤課題の解決	こうすればよかったんだ。
	⑥まとめ	こんなことがわかった。
課題解決の活動をさせながらも、最終的な解決のために教師の支援は必要です。自然に子供が気付くような手立てが打てればそれがベストです。		

表5-2　課題達成型

主にねらう学力	学習過程	子供の思い
○意欲	①課題発見	こうなりたい。
○思考力、判断力	②解決方法の工夫	こうしたらよいのではないかな。
表現力	③解決のための練習	できるまでがんばるぞ。
○知識・技能	④課題の達成	やった、できるようになったよ。
ドリルによる反復練習の学習も、機械的に行うのではなく、練習の意味を理解し、意欲をもち、工夫しながら行うようにさせたいものです。		

表5-3　講義説明型

主にねらう学力	学習過程	子供の思い
○知識・技能	①めあての把握	わかりたい、知りたい。
	②教師の説明を聞く	なるほど、そういうことか。
	③学習内容の確認	よくわかったぞ。
	④学習内容の応用	他のことにも使えるな。
問題解決学習だけでは到達が難しい場合には、この過程が有効です。教師の説明によって理解させるためには、図表、教具、資料などの多様な準備が必要不可欠になってきます。		

このパターンで」というめやすができて便利です。

③ 授業の鍵となる目標と活動

(1) 適切な目標を設定する

　授業の目標は、教材と子供の実態を分析して設定しなければなりません。しかし、授業の目標設定は、重要であるからこそ、なかなか難しいものです。

　特に、指導案を書き慣れていない若い先生にとっては、頭の痛い問題です。そこで、授業の目標設定をするための基礎力を身に付ける第一歩として学習指導要領解説を十分に読み込むことをお勧めします。学習指導要領は、文部科学省が教育課程の基準として定めたもので、法的拘束力をもちます。授業もこの学習指導要領の目標を達成するためのものです。その学習指導要領の内容を具体的に解説したものが学習指導要領解説ですから、授業の目標とするべき基礎的・基本的な内容は全てここに網羅されていると言ってよいでしょう。特に、算数・数学や理科等の理系の教科は指導内容が明確ですので、学習指導要領解説の内容からそのまま目標を設定しても授業が成立するほど具体的です。ただし、国語や道徳などは、教材を通して目標を設定しなければなりませんので、そのぶん学習指導要領解説の内容をさらに細かく具体化する必要が出てきます。

　小学校国語科の「B書くこと」を例に学習指導要領の読み取り方を考えてみましょう。書くことについては、低学年では現行の『小学校学習指導要領』において、次のような目標が設定されています[1]。

> 　経験したことや想像したことなどについて、順序を整理し、簡単な構成を考えて文や文章を書く能力を身に付けさせるとともに、進んで書こうとする態度を育てる。

---

[1] 本書執筆時点では新しい学習指導要領の解説が刊行されていないため、ここでは、現行の小学校学習指導要領に基づき説明している。

難しい文言は使われていませんし、読んでいてすんなりと理解できる文章です。しかし、このままを作文の授業目標に書いても、具体的にどのような作文を書かせれば目標達成となるのかが、見えてきません。それは、この文章だけでは、使われている言葉の具体的な意味理解が十分ではないからです。

しかし、学習指導要領解説の方には、目標の言葉の意味が詳しく解説してあります。また、低・中・高学年毎に使われている言葉を対比して見ると、さらによく理解できるようになってきます。そこで、学習指導要領解説の一部を「表5-4」のように整理してみましたが、これだけでも、学年毎の作文の特色が見えてきます。

表5-4　小学校「B書くこと」の指導事項（一部抜粋）

	低学年	中学年	高学年
事　柄	経験したことや想像したこと	関心のあること	考えたこと
構　成	事柄の順序	段落相互の関係	文章全体の構成の効果
記　述	語と語や、文と文とのつながり	中心を明確にして理由や事例	目的や、意図に応じて事実と感想、意見を区別

低学年は、「経験したこと」ですから、遠足で経験したことなどを朝から起きたことの順番を間違えずに、正しく文をつないで書けばよいということです。

ですが学年が進んだ中学年は、それだけではいけません。自分の「関心のあること」を選び、文章のまとまりである段落を意識しながら、一番伝えたいことを、理由や事例を挙げて書いていかなければならないのです。さらに、高学年は事実の説明から一歩進んで、自分の考えを書かなくてはなりません。考えが読み手に伝わるように最初から全体の構成を考えながら、事実と感想、意見を明確に区別しながら書く必要があります。このように、学習指導要領解説の学年毎の目標や内容を対比して読むことで、なにを目標とすべきかが明らかになってくるのです。

小学校国語科の解説を例にとって述べてきましたが、どの教科や領域でも、

また中学校でも同じように解説を活用していけばよいと考えてください。学年ごとに対比させながら学習指導要領解説を読み込むことが、より確かな授業目標を設定するための第一歩です。子供の実態把握も、学習指導要領解説の内容から子供を見つめると、子供が現在どの段階にあるのかを正確に見取ることができます。

（2）目標達成につながる活動を決める

　問題解決型、課題達成型、講義説明型、いずれのパターンの授業を行う場合も子供たちの学習意欲を喚起することが重要になってきます。子供のやる気のないところでは、学習は成立しません。特に問題解決型の学習では、子供がやる気を持続させながら活動を続けなければなりません。しかも楽しいだけでなく、目標の達成のための活動でなければなりませんから、そこには十分な工夫と配慮が必要になります。子供たちが意欲的に取り組む活動の要素として次のようなものが考えられます。

①認識のズレを生かして知的好奇心を揺さぶる

　認識のズレとは、今までに身に付けた考え方や、知識ではあてはまらない状況に出会ったときに生じる葛藤のことです。この葛藤状況を克服しようとするときに、子供の知的好奇心が喚起され、学習の意欲へと結びつくのです。

　例えば、まだ面積の概念のない小学校4年生の児童に大きさ比べをさせるような事例がこれにあたります[2]。

〈問題〉どちらが大きいでしょう？

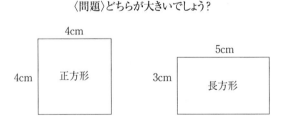

2　山本直俊『学力向上のための授業論』福岡教育事務所、2003年、8ページ。

子供たちには、まだ面積の概念がありませんから、「周りの長さが同じだから、大きさは同じ」とか、直感で「正方形が大きい」などと反応します。そこで、どちらが大きいかはっきりさせようと、広さに目を向けていく授業です。

②学習したことが役に立つことを意識させる

「学校で学んだことは社会では役に立たない」といわれることがありますが、学校で習ったことは社会生活に役立っているのです。英語や国語の漢字、作文、算数の基礎的計算などは、その典型的な例です。数学などでも生活に応用することができます。この勉強をしたらこんなことができるようになるんだという、将来への見通しは、学習意欲を高めることにつながります。

〈問題〉中学3年
地球の半径を 6370kmとして、高さが 3776mの富士山の頂上から見える距離（見ることができる限界までの距離）を求めましょう。

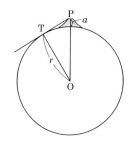

三平方の定理を利用すれば、富士山の頂上から見渡せる距離さえ求めることができるという事実は、子供たちの知的好奇心に火をつけるために大変有効でしょう[3]。

③ゲームや創作物の作成を楽しみながら目標達成へ導く

小学校の3年生「かけ算」で0のかけ算が出てきます。説明だけで子供に理解させるのでは味気ないので、導入として次ページのようなゲームをさせると、0の必要が生まれて、0のかけ算に関する子供の興味はぐんと増します[4]。

算数・数学の事例を挙げながら、子供たちの意欲を喚起し、さらに目標の達成にもつながる活動について述べてきましたが、楽しみながら授業の目標達成に直結する活動は、当然、他の教科でも工夫されなければなりません。

3　山本直俊『学力向上のための授業論』福岡教育事務所、2003年、10ページ。
4　山本直俊『学力向上のための授業論』福岡教育事務所、2003年、7ページ。

〈ゲーム〉おはじき入れ遊び

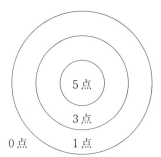

場所	入った数	得点
5点		
3点		
1点		
0点		
合計		

　国語科の物語文の読みについて事例をあげてみましょう。教材は、斎藤隆介作「モチモチの木」で、あらすじは次の通りです。

> 　父親のいない少年「豆太」は、山小屋で「じさま」と暮らしている。豆太は臆病者で、<u>小屋の外にある便所にも夜は怖くて一人で行くことができない</u>。小屋近くの大きな木を豆太は「モチモチの木」と呼んでいる。モチモチの木は、夜に火が灯ったようにきれいに光る事があるが、豆太は怖くて見に行く事ができない。そんなある夜、じさまが腹を押さえて苦しみはじめた。月明かりしかない怖い夜、豆太は、ふもとの村まで一人で医者を呼びに行く。医者を呼んで山小屋に戻る途中、豆太はモチモチの木に火が灯って、明るく輝いているのを見るのだった。

　あらすじの下線部、豆太が夜には小便にも行けない場面を例に解説しましょう。この場面は、子供が大変読み誤り易い箇所です。じさまの心情を表す言葉として次のような表現があるからです。
　「まったく、豆太ほど　おくびょうな　やつは　ない。よなかには、じさまについてってもらわないと、ひとりじゃ　しょうべんも　できないのだ。」
　この文章にとらわれた子供は、紙芝居で描くじさまの顔を、次ページに示した「図5-8」のように困り切った表情で表現します。しかし、実際のじさまは、豆太に限りない愛情を抱いており、小便に連れて行くときも決して、情けない

顔などしていないのです。そのことに気付かせるために行う授業の構造は、右の「図5-7」のようになります。さて、情けない表情を浮かべた「図5-8」を愛情と優しさに溢れた「図5-9」のような表情へと変化させるためには、どうしたらよいでしょうか。

そこに「紙芝居づくり」という活動が生きてくるのです。紙芝居の要素は「挿絵」「音読」ですが、

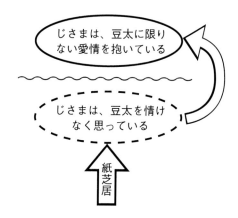

図5-7　モチモチの木の授業構造

すでに子供たちは、挿絵でじさまの表情を表現しています。果たしてその表現が適切かどうかを検証する手段が音読です。

子供たちに自分の描いた「図5-8」のしかめっ面や情けない表情をつくらせてから、その表情を保たせながら、じさまが、豆太におしっこをさせるときの台詞を読ませてみましょう。このとき、じさまは、次のような言葉をつぶやくのです。

「ああ　いい夜だ　星に　手がとどきそうだ　おく山では　しかや　くまめらが　はなちょうちんだして　ねっこけて　やがるべ　ほら　しー」

どうでしょうか。実際に試してみるとわかりますが、情けない表情ではこの台詞の音読はできません。必然的に笑顔になる素敵な文章なのです。子供たち

図5-8　じさまの表情A

図5-9　じさまの表情B

は「読めません」と、当惑し始めます。そして「それなら、じさまはどんな顔をしていると思う」という再発問をすることで子供たちは、「図5-9」のような、優しさ溢れる表情の図に描き直し、文章の素晴らしさを味わっていきます。

「紙芝居づくり」のような子供にとって楽しい活動は、学習への興味を抱かせるためだけの手段と考えられがちですが、実は目標達成に直結するからこそ選択される活動でもあることを理解してほしいと思います[5]。

4 具体的な方法の工夫

子供が明確なめあてをもった活動を行う中で、授業の目標は達成されていきますが、そうした活動の中でも教師がなんらかの手立てをとることで目標達成への足がかりを子供自身がつかむことができるようになります。そうした具体的な手立てを、学習具、教具、方法という3つの工夫点から説明しましょう。

（1）学習具と個別指導の工夫

平行四辺形の面積の求め方を学習するとき、「図5-10」のような補助線があれば容易に理解することができます。しかし、問題解決型の学習で、児童が試行錯誤しながら思考力を鍛えることを目標としている場合は、最初から補助線を入れた「図5-10」のような求積のためのマス目の補助線を提示したのでは、児童によっては抵抗感が少ないと感じられることもあるでしょう。そこで、3種類の学習具を準備してみます。

1つ目は、何の補助線もない、平行四辺形のカードです。ただし、自由に切ったりつなぎ直したりできるように数枚の

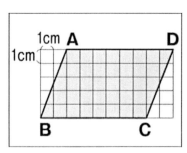

図5-10　求積のための補助線

5　本実践は、筆者が福岡教育大学附属福岡小学校第3学年で1990年に行ったものである。

カードを与えておきます。

　2つ目は、この平行四辺形の上に重ねることができる方眼が描かれた透明のプラスチック板です。解決に行き詰まった子供たちは自由にこれを使用できるようにしておくと、図のような補助線を自らの力で描くことができます。

　3つ目が、最初から補助線を入れてある「図5-10」のような学習具です。面積の概念が十分に身に付いていない子供も比較的容易に目標とする平行四辺形の面積を求める公式にたどり着くことができます[6]。

　この章では、個別に使用する用具を教材や教具と呼ばずに、子供自らが学習に使用する手立てとしての学習具と呼称していることに注意してください。

　なお、個別指導とは、必ずしも一人一人の側に寄り添って指導するばかりではありません。このように、個の能力に応じた学習具を準備することによる個別指導も効果的であることも知っておいてほしいと思います。

（2）教具の工夫

　子供自らが工夫し、試行錯誤しながら目標にたどり着く問題解決型の学習は、子供の思考力を育てるためには大変効果的です。しかし、必ずしも子供の力だけで到達できる学習内容ばかりとは限りません。円の面積の求め方などは、問題解決型の学習で子供自らに気付かせることが難しい内容です。そこ

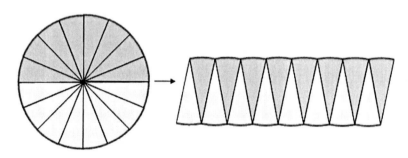

図5-11　円の面積の求め方を説明する図

6　山本直俊著『学力向上のための授業論』福岡教育事務所、2003年、8ページ。

図5-12　円の面積の求め方を説明する教具

で、講義説明型の授業が必要になってきます。円の面積の求め方について円を解体して説明する図が教科書では、前ページの「図5-11」のように表されています[7]。

この図の意味をさらに具体的に把握できるようにするため「図5-12」にあるような教具を準備することが教師には求められます。この場合は、教師が説明に用いる用具ですから教具という呼び方をしています。

（3）方法の工夫

授業では、こんなことをわからせたいという具体的な目標を立てて授業に臨まなければなりません。しかし、国語科の授業は目標があいまいになりがちな傾向があります。そのため、目標達成のための方法もあいまいになりがちです。

> しんあいなる　がまがえるくん。ぼくは　きみが　ぼくのしんゆうで　あることを　うれしく　おもっています。
> きみのしんゆう　かえる

そこで小学校第2学年の国語科教材「お手紙」の実践事例をとりあげて、目標の設定と目標達成をめざすための方法との関係について考えてみることにしましょう。

手紙を一度ももらったことのない、"がまくん"に友達の"カエルくん"は、自らお手紙を書いてあげます。そのお手紙は、左のような文章なのですが、みなさんはどのように感じますか？

手紙を読んだ"がまくん"は、「ああ、いいおてがみだ」と嘆息します。そこで、授業の目標を

7　小学校算数教科書『わくわく算数下』啓林館、2011年、6ページ。

「お手紙のよさに気付くことができる」と設定したとします。2年生の子供たちは「かえるくんがしんゆうだとわかってうれしい」「しんあいなるということばがかっこいい」など様々な考えを出してきます。

しかし、考えを出し合って「いろんなよさがあるね」で授業を終わっては、本章の始めに述べた、「目標が低すぎる」あるいは「目標があいまい」という事例に相当します。「かえるくんは、しんゆう」「しんあいなる、ということばがいい」という子供たちを授業後、どのように変化させるのか、ここを明確にできるかどうかが授業が成功するか否かの分かれ目となります。

> しんあいなる がまがえるくん。ぼくは きみが ぼくの「たからもの」で ある ことを うれしく おもっています。きみの「たからもの」かえる

この手紙のよさがわかるということは、「差出人であるかえるくんにとってがまくんが、かけがえのない存在だと認めてくれている喜びに気付くことができる。」ということです。2年生にとって、難しすぎる目標だと感じるかも知れませんが、そこは、手立ての打ち方次第です。

ここでは、言葉の置き換えという方法をとってみましょう。「しんゆう」という言葉は宝物のように素晴らしいものという意味だからと、「しんゆう」を「宝物」に置き換えさせてみます。すると「きみが、ぼくのたからもの」という素敵な文言が浮かび上がってくるのです。がまくんが喜びのあまりため息をつく理由も納得できるではありませんか。

こうした授業は、方法から考えることはできません。まず、子供にこんな大切なことに気付かせたいという教師の強い思いから目標が決まり、そのあとに目標達成のためのアイディアである「親友という言葉を宝物に置き換えてみる」という方法が浮かんでくるものなのです[8]。

---

8 本実践も筆者が福岡教育大学附属福岡小学校第2学年で1993年に行ったものである。

繰り返しになりますが、子供たちが学校で過ごす時間の中で、最も多くの時間を占めているのが授業です。だからこそ、教師は、「授業がよくわかるから、学校が楽しい」と子供が言えるような授業を工夫しなければなりません。

そのために、①授業を通して子供を変容させようと意識すること、②変容した姿をできるだけ具体的に表現した目標を設定すること、③目標達成のために学習過程、学習具、教具、方法を工夫すること、以上の3点を常に心がけて、現場に立とうと志す皆さんには、これからの授業実践を重ねていってほしいと思います。

●コラム9　大学生としての学び

　大学生活において大切なことは、これまでの高校生活と違って、自らが考え、判断し、挑戦していく行動力です。多くの経験や体験を通して、コミュニケーション力や人間関係力などを育むことが大切なのです。そして、授業や授業外の活動で、友達との関わりを通して、自ら主体的・対話的で深い学びを心がけることが重要です。

　今、学校現場では若い教師とベテランの教師との年齢構成の二極化が進んでいます。これからの学校は、授業方法の創意工夫などについて、若い教師に継承させていくことが求められます。若い教師が陥りがちな、子供に一方的に知識を与える授業では、確かな思考力や判断力は育ちません。

　新学習指導要領では、「主体的・対話的で深い学び」という方向性を打ち出し、教師のさらなる授業改善が求められています。いわば「教え方改革」です。子供が学ぶ喜びを感じながら自ら考え、表現する、対話を通して考えを組み立て、協働する力も養うような授業なのです。大切なことは、子供に学ぶ意義や学ぶ喜びを実感させる授業をいかに工夫していくかなのです。

　子供の主体的・対話的で深い学びを進めていくためにも、教職を志す皆さんには、大学生活を通して、自らが行動を起こし、多くの学びを獲得してほしいと思います。

●コラム10　ほめることと甘やかすこと

　「子供はほめて育てましょう」ということをよく聞くと思います。しかし、ほめることを甘やかすことと混同しないことは教師にとってとても大切です。

　ほめることと、甘やかすことは、本質的に違います。ほめるとは、行為や存在を肯定することです。甘やかすとは、危険や失敗から遠ざけることです。両者は全然違います。

　過度に子供を保護し、経験をさせなかったり、危険や失敗から遠ざけると、子供は問題を解決できなくなります。一方、自発的な行動や主体的な行動や、挑戦をほめることは、発展や向上につながっていくのです。そう考えるとやはり、教育の基本は少しでも伸びた点をほめることにあるといえるでしょう。

　人生は、経験が多ければ多いほど、豊かになります。そして、自信が増します。だから、失敗だろうが成功だろうが、子供の経験を増やしてあげること、ほめることは、そのための手段だと考えるべきです。

第6章
生徒指導

1　生徒指導の考え方

　生徒指導と聞くと、皆さんはどんなことが思い浮かびますか。小・中学校時代の少し強面の生徒指導担当の先生、持ち物検査や校則などを思い出す人もいるでしょう。児童生徒の問題行動にどう対応するかということを生徒指導だとイメージする人は多いと思います。学力を高めるのが学習指導だとすれば、人間性を育むのが生徒指導だという捉え方もできます。意外と思うかも知れませんが、児童生徒の道徳性を養うこと、いじめや不登校への対応、発達障害への対応なども生徒指導の一部なのです。生徒指導の領域は非常に広範囲で、内容によって様々な対応が要求されるのです。
　この章では、生徒指導とはどのような指導をすることなのか、生徒指導はなぜ必要なのかについて述べます。そして教師をめざす皆さんが、学生時代に生徒指導に関する知識を正しく身に付け、教師としての資質や能力をさらに向上させていってほしいと願っています。

(1) 生徒指導とは

　学校では教師と児童生徒、児童生徒同士の人間関係が基盤となって教育活動が展開されます。この望ましい人間関係の中で、子供たちは楽しく学校生活を過ごすことができるのです。しかし、現在は児童生徒を取り巻く社会状況が大

きく変化し、子供たちの心に少なからず影響を与えています。いじめ、不登校、虐待、校内暴力、喫煙や飲酒、薬物の乱用などが増加しているからです。

生徒指導とは、子供たちの人間としての在り方や生き方の指導を行うことです。したがって、生徒指導は問題行動や非行などの生活面の指導だけでなく、教科指導をも含めて広く解釈することが大切です。

小学校学習指導要領解説の総則編に、「日ごろから学級経営の充実を図り、教師と児童の信頼関係及び児童相互の好ましい人間関係を育てるとともに児童理解を深め、生徒指導の充実を図ること。」と明記されています[1]。そして、生徒指導は、児童生徒一人一人の人格を尊重しながら、規範意識をはぐくむことなど社会的資質や行動力を高めるように指導、援助することであるとも記されています。

（2）生徒指導の内容

先に述べたように、生徒指導は児童生徒と関わるすべての教育活動の中で展開され、その内容は広範で、多岐にわたっています。その内容は、児童生徒の生活全体を通しての物の見方、考え方、感じ方などに関わる人格の形成をめざすものでもあるのです。

生徒指導の内容を類型的に示せば、①望ましい人間関係に関わること、②学校生活への適応や自己実現に関わること、③望ましい生活習慣に関わること、④道徳性の発達に関わること、⑤健全育成に関わることなどが挙げられます。これらの内容を円滑に指導していくためには、教師同士が協力して共通実践、協労実践をしていくことが重要です。これらの生徒指導の内容の中から2点について詳しく説明を加えます。

まず、「望ましい人間関係に関わること」についてです。

児童生徒の人間関係の把握は大切です。授業中だけでなく、給食時間や休み時間、そして清掃の時間などは、児童生徒の人間関係を知るよい機会ですので、教師自ら積極的に児童生徒とコミュニケーションを図りましょう。ま

1　文部科学省『小学校学習指導要領解説総則編』、平成20年6月、第3章第5節3。

た、望ましい人間関係づくりは、登校時や教室での朝のあいさつから始まります。

あいさつは、相手を尊敬する心の表現ともいわれます。教師と児童生徒が朝から気持ちのよいあいさつを心がけることで、望ましい人間関係の第一歩がスタートします。しかし、あいさつはできても、児童生徒同士がうまくコミュニケーションがとれなくてトラブル等が発生している現状があります。いじめや仲間はずれ、けんか等、児童生徒の人間関係を知るために、休み時間はできる限り児童生徒と一緒に遊んでほしいものです。望ましい人間関係づくりに関わることの大切さに気づくとともに、逆に児童生徒たちから教えられることも多くあるのです。

次に、「望ましい生活習慣の定着に関わること」についてです。

学校は集団生活の場であり、学校や学級には一定のルールがあり、それらを守らせなければなりません。授業中や給食時間のルール、休み時間の過ごし方など基本的な約束やルールを守ることは、教師と児童生徒の信頼関係及び児童生徒相互の好ましい人間関係を育てるために最も大切なことであり、これらが道徳性や規範意識の定着につながるのです。学年始めの４月当初から、重点的な指導事項として、望ましい生活習慣の定着を図ることは重要なことです。

② 児童生徒理解

（１）児童生徒理解の考え方

生徒指導は、児童生徒のことを知ることから始まります。子供のことを知らないで、理解しないで、生徒指導をすることはできません。児童生徒の心に響き、届いて、はじめて指導といえるのです。子供が、「なるほど、そうだよね。」と思わないと指導にはならないからです。

中学校学習指導要領解説の総則編では、「教師と生徒の信頼関係及び生徒相互の好ましい人間関係を育てるとともに生徒理解を深め、生徒が自主的に判断、行動し積極的に自己を生かしていくことができるよう、生徒指導の充実を

図ること」と述べています[2]。

では、児童生徒理解とはどのようなことなのでしょうか。それは児童生徒の様子を客観的に把握できる資料を集めることから始まります。例えば、生育歴や家庭環境、性格に関すること、学業成績、交友関係、趣味や特技、学校生活に関すること、家庭での様子などが考えられます。児童生徒の多くの情報を知ることで、教師は安心して適切な指導や指導の在り方を生み出すことができるのです。

注意しなければならないことは、知り得た情報は児童生徒の個人情報ですので、秘密に属する情報も個人情報の一つであり、教師として秘密を守る義務が生じます。個人情報は正しく、教育的に有効に活用することが大切です。

また、生徒指導を行う場合は、児童生徒の外面に表れた言動だけを見て判断し、指導することは避けなければなりません。教師の都合のよいように考えたり、偏見や感情をもとに判断したりすることは危険なことです。教師として、常に望ましい児童生徒理解に努めているかどうかを問い返しながら進めていくことが肝要です。

（２）児童生徒理解の進め方

児童生徒理解は一人の教師だけに任せられたものではありません。学校は組織体ですから、児童生徒理解は組織的な協力体制のもとで推進することが大切です。担任の目だけでなく、養護教諭、同学年の教師、部活動担当の教師、他学年の教師、管理職など、多くの教師の目で見ることで、より客観性のある的確な指導が行えるのです。また、保護者や地域の方々からの貴重な情報も生かすことができます。ここで、次のような児童生徒理解の進め方について理解をしておきましょう。

① まず、一人一人の能力や適性、興味や関心などの身近な情報把握に努めること。
② 実態把握のための日ごろからの細やかな観察やアンケート調査、面談な

---

[2] 文部科学省『中学校学習指導要領解説総則編』、平成20年7月、第3章第5節3。

ど、発達段階に応じた適切な方法で実施すること。
③児童生徒の気持ちに添って、「そうなんだ。」という共感的理解、「やってごらん。」といった自己決定、「やったね。」という自己実現の流れが伝わるように愛情をもって接すること。
④教師の意識しない言動や価値観が児童生徒に感化を及ぼすことなど、見えない部分での教師の影響力を考慮すること。
⑤保護者との相互交流の機会の設定と、そこでの児童生徒理解や指導の在り方に対する共通理解を図ること。

次に、学級担任として児童生徒理解を進めていくためには、児童生徒一人一人の特性などを学校の教育活動全体を通して客観的に把握していくことが大切です。生育歴や家庭の状況から、身体に関するけがや病気のことなどを把握することができます。また調査や観察を通して、友達関係、長所や短所、性格なども知ることができます。そして保護者の家庭教育方針、学級担任に対する願いや思いを知ることも生徒指導に役立つのです。

③ 教育相談

(1) 教育相談の考え方

中学校学習指導要領解説特別活動編によれば、「教育相談は、一人一人の生徒の教育上の問題について、本人又はその親などに、その望ましい在り方を助言することである。その方法としては、1対1の相談活動に限定することなく、すべての教師が生徒に接するあらゆる機会を捉え、あらゆる教育活動の実践の中に生かし、教育相談的な配慮をすることが大切である。」とされています[3]。

すなわち、教育相談は、児童生徒それぞれの発達に即して、好ましい人間関係を育て、学校生活に適応させ、自己理解を深めさせ、人格の成長への援助を図るものであり、決して特定の教師だけが行う性質のものではないのです。

教育相談を進める教師の基本的な態度として、感情の受容、共感的な態度が

3　文部科学省『中学校学習指導要領解説特別活動編』、平成20年7月、第4章第1節2。

必要です。受容的・共感的な態度とは、相談者の言葉を否定せず、「あなたはそう思ったのね。」、「そう感じたのね。」と、ありのままを受け入れようとする傾聴の姿勢です。

　教育相談は、児童生徒に対して多くの教師が多種多様な関わりをもつことができ、担任が気づかない問題があっても学年主任や生徒指導担当、養護教員等が、それぞれの立場から児童生徒と関わることができるものです。児童生徒を多面的に理解することができ、よりよい支援をすることができるという点でも教育相談は生徒指導における重要な役割を果たしているのです。

　一方、相談にくる子供側からすると、「〜で、困っているんだよ。」、「〜で、悲しいんだよ。」、「〜で、つらいんだよ。」という気持ちが素直に言える環境にあることが重要になってきます。そのためには、教師が子供を理解していく姿勢、子供が「先生に相談がしたい。」と思える雰囲気、この相互の関係を日常的に築いていくことが大切です。このことで、子供と教師との温かい信頼関係ができ、子供が安心して相談する環境が生まれてくるのです。

（2）教育相談とカウンセリングマインド

　教師には、相手の気持ちや感情を無条件にそのまま受け入れるカウンセリングマインドが求められます。カウンセリングマインドとは、児童生徒の考え方や行動に対して、「そうなんだ。」というように受容的・共感的に理解しようとする温かい関係に満ちた人間関係をつくる態度であり、心構えなのです。このような姿勢を示すことで、子供は指導者が理解してくれていることを実感し、安心して心を開くことができるのです。

　このカウンセリングマインドの精神は、教育相談だけではなく、児童生徒を指導する教師にとって、全ての教育活動に生かすことができる必要不可欠なものです。例えば、授業中に教師が「わかりましたか？」と、30人の子供たちに言ったとします。そして、全員の子供が「ハーイ」と答えたとします。教師は安心して、授業を進めようとします。しかしながら、この「ハーイ」という声には、30通りの意味があることを理解しておくことが大切であり、それがカウンセリングマインドの心構えということなのです。

次に、教育現場で生かすことができるカウンセリングの手法について紹介します。
- ○「そうなのね。」、「苦しんだよね。」、「よくわかるよ。」など受容的で共感的な言葉を繰り返すこと。
- ○「あなたの言いたいことは○○なのかな？」と確認することによって言いたいことを的確に把握すること。
- ○肯定的な気持ちや自信を持たせるため、「○○なところがすごいね。」などとよいところは認めること。
- ○指導者だという意識をもたずに、子供が安心して本音が出せるように聞き役に徹すること。

4 いじめ

（1）いじめとは

「私の学級は落ち着いていて、いじめはないですよ。」こんな発言をする教師は、いじめについての危機意識が不足しています。

平成27年度の文部科学省の「児童生徒の問題行動等生徒指導上の諸問題に関する調査」では、小学校・中学校・高等学校及び特別支援学校におけるいじめの認知件数は224,540件と、前年度より36,468件増加しています。

「いじめ防止対策推進法」（平成25年6月、法律第71号）の施行に伴い、「いじめ」については同法の第2条で次のように定義されています。

> 「いじめ」とは、「児童等に対して、当該児童等が在籍する学校に在籍している等当該児童等と一定の人的関係にある他の児童等が行う心理的又は物理的な影響を与える行為（インターネットを通じて行われるものを含む。）であって、当該行為の対象となった児童等が心身の苦痛を感じているものをいう。」

なお、起こった場所は学校の内外を問わないとされていますが、個々の行為

がいじめにあたるか否かの判断は、表面的・形式的にすることなく、いじめられた児童生徒の立場に立つことが重要です。具体的ないじめの態様は、次のようなことが考えられます。
　・冷やかしやからかい、悪口や脅し文句、嫌なことを言われる。
　・仲間はずれ、集団による無視をされる。
　・軽くぶつかられたり、遊ぶふりをして叩かれたり、蹴られたりする。
　・金品をたかられる。
　・金品を隠されたり、盗まれたり、壊されたり、捨てられたりする。
　・嫌なことや恥ずかしいこと、危険なことをされたり、させられたりする。
　・パソコンや携帯電話等で、誹謗中傷や嫌なことをされる。

(2) いじめの早期発見・早期対応

　いじめは、「どの学校でも、どの子供にも起こりうる」問題であることを認識しておくことが重要です。そのためには、日頃から児童生徒が発する危険信号を見逃さないようにして、いじめの早期発見に努めることです。
　その方法の1つにアンケート調査があります。アンケート調査は、児童生徒が安心して答えられるように無記名にするなどの工夫をし、子供の生活や人間関係の状況が把握できるように定期的に行います。
　方法の2つ目として、教育相談機能を充実し、児童生徒の悩みを積極的に受け止めることができる体制を整備することも大切です。担任が一人で解決しようと悩み焦ることは避け、養護教諭やスクールカウンセラーの支援を得て、効果的な相談体制を整えることです。
　いじめが発生した際には、学級担任などの特定の教員が抱え込むのではなく、学校全体で組織的に対応することが重要であり、校長のリーダーシップの下、教職員間の緊密な情報交換や共通理解を図り、一致協力して臨む体制が必要です。また、事実関係の究明にあたっては、当事者だけでなく、保護者や友人関係などからの情報を通じて事実関係の把握を正確かつ迅速に行うことが大切です。さらには、学校においていじめを把握した場合には、速やかに保護者及び教育委員会に報告して適切な連携を図り、保護者からの訴えを受けた場合

には、まず謙虚に耳を傾けて関係者全員で取り組む姿勢が重要です。

　学校におけるいじめへの対処方針、指導計画などの情報については、日頃より家庭や地域へ積極的に公表し、保護者や地域住民の理解を得られるよう努めることが大切です。また、実際にいじめが生じた際には、個人情報の取り扱いに留意しつつ、正確な情報提供を行うことにより、保護者や地域住民の信頼を確保することが重要であり、事実を隠蔽するような対応は許されないことを校内で共通理解しておくことが大切です。

　いじめが解決したと見られる場合でも、教職員の気づかないところで陰湿ないじめが続いていることも少なくないことを認識し、いじめは解決したと即断することなく、継続して注意を払い、折に触れて必要な指導に心がけることが大切です。

（3）いじめを許さない学校づくり

　学校教育全体を通じて「いじめは人間として絶対に許されない」という意識を児童生徒一人一人に徹底していくことが大切です。また、教師の言動が児童生徒に大きな影響力を持つことを十分に認識し、次のような点に留意していじめを許さない学校づくりに努めることが重要です。

- 〇いじめの問題に関して、職員会議等を通じて教職員間で共通理解を図ったり、校内研修を実施したりすること。
- 〇道徳や学級活動の時間にいじめに関わる問題を取り上げ、具体的な指導を行うこと。
- 〇児童生徒会活動を通じて、いじめの問題を考えさせたり、児童生徒同士の人間関係や仲間作りを促進したりすること。
- 〇スクールカウンセラー、相談員、養護教諭を積極的に活用して教育相談体制の充実を図ること。
- 〇PTAをはじめ、地域の関係団体等とともに、いじめの問題について協議する機会を設けること。
- 〇いじめの問題に対し、警察署や児童相談所など地域の関係機関と連携協力した対応を図ること。

○学校におけるいじめ防止のための基本方針が学校の実情に即して機能しているか点検し、必要に応じて見直しを行うこと。

（4）学級担任としての役割

　いじめ問題の対応は、問題が発生したときの初期対応を適切に行うことが、極めて大切です。そのためには、児童生徒との信頼関係を日常的に築いていくことに心がけることが重要です。また、いじめ問題は、児童生徒の心の発達の在り方に関わる問題ですので、いじめる子、いじめられる子の心理やそれに影響を与えている様々な要因に対する正しい認識がもてるよう、日頃から教師自身の学びの姿勢が大切です。では、いじめのない学級づくりをめざすためには、担任としてどんなことに取り組んだらよいのでしょうか。

　それについては、次のようなことが挙げられます。

○教師自身が笑顔あふれる、明るい雰囲気をつくる。

○お互いに個性や長所を認め合える学級の雰囲気をつくり、児童生徒同士のよりよい人間関係づくりに努める。

○教師は常にアンテナを張り、小さなトラブルでも見逃すことのないように努める。

○一人一人が安心して学校生活をおくることができるような集団でのルールを確立する。

○児童生徒の興味・関心や能力に合った活躍の場を用意して、一人一人に存在感をもたせる。

○学級活動の時間などで学級の諸問題を話し合わせ、自分たちで解決する機会を与える。

○すべての教育活動を通して、児童生徒が成就感や満足感がもてるような活動を工夫する。

5 不登校

(1) 不登校とは

　不登校とは、多様な要因・背景により、結果として登校しない、あるいはしたくてもできない状態になっているということです。かつては「学校恐怖症」とか「登校拒否」と本人の問題であるかのような言い方が用いられていましたが、今ではそのように捉えてはならないのです。不登校の児童生徒が悪いという根強い偏見を払拭し、学校・家庭・社会が不登校児童生徒に寄り添い共感的理解と受容の姿勢をもつことが、児童生徒の自己肯定感を高めるために重要であり、周囲の大人との信頼関係を構築していく過程が社会性や人間性の伸長につながり、結果として児童生徒の社会的自立につながることが期待されているのです。

　文部科学省は、不登校の定義について、下記のように示しています[4]。

> 「何らかの心理的、情緒的、身体的あるいは社会的要因・背景により、登校しない、あるいはしたくともできない状況にあるために年間30日以上欠席した者のうち、病気や経済的な理由による者を除いたもの」

　平成27年度の文部科学省の調査では、不登校児童生徒数は小学校27,581人、中学校98,428人で、合計で126,009人となり、全児童生徒数に占める不登校児童生徒の割合は1.26％となっています。

(2) 不登校のタイプ

　不登校については、その要因や背景が多様・複雑であることから、教育の観点のみで捉えて対応することが困難な場合がありますが、一方で、児童生徒に対して教育が果たす役割が大きいことから、学校や教育関係者が一層充実した

---

[4] 文部科学省『平成27年度児童生徒の問題行動等生徒指導上の諸問題に関する調査』、平成28年10月27日より。

指導や家庭への働き掛け等を行うとともに、学校への支援体制や関係機関との連携協力等のネットワークによる支援等を図ることが必要です。不登校のタイプは、その原因から次の7つに分類できます。

①学校生活に起因する型
友人関係をめぐる問題、教師との関係をめぐる問題、学業の不振など、学校生活上の影響から登校できない。

②遊び・非行型
遊ぶためや非行グループに入ったりして登校しない。保護者は自宅を出て登校をしていると思っているが、公園やゲームセンターなどに行って遊ぶなどの状況が考えられます。

③無気力型
学習意欲に乏しく、登校しないことへの罪悪感がない。迎えに行ったり、強く登校を催促したりすると登校するが長続きしない。

④不安などの情緒的混乱型
登校の意思はあるが身体の不調を訴えて登校できない。漠然とした不安を訴え、情緒的な混乱によって登校できない。近年、発達障害の児童生徒が不登校に陥るケースが増加傾向にあります。

⑤意図的な拒否型
学校に行く意義を認めず、自分の好きな方向を選んで登校を拒否するタイプ。家庭の影響が大きい傾向にあります。

⑥複合型
不登校状態が継続している理由が複合していて、いずれが主であるかが決められない。不登校の要因が複雑に絡み合っていることが多いため、その時の子供の状況に応じて柔軟な姿勢で向き合うようにしていくことが大切です。

⑦その他
上記のいずれにも該当しないタイプです。

(3) 不登校が生じないような学校づくり

不登校児童生徒への支援は、「学校に登校する」という結果のみを目標にす

るのではなく、児童生徒が自らの進路を主体的に捉えて、社会的に自立することをめざす必要があります。また、児童生徒によっては、不登校の時期が休養や自分を見つめ直す等の積極的な意味を持つことがある一方で、学業の遅れや進路選択上の不利益や社会的自立へのリスクが存在することに留意しなければなりません。

学校は、児童生徒の不登校が生じないように、次のような点から学校づくりを展開していくことが求められます。

①魅力ある学校づくり

児童生徒が不登校になってからの事後的な取組だけでなく、児童生徒が不登校にならない、魅力ある学校づくりをめざすことが重要です。

②いじめ、暴力行為等問題行動を許さない学校づくり

いじめや暴力行為を許さない学校づくり、問題行動への き然とした対応が大切です。また教職員による体罰や暴言等、不適切な言動や指導は許されず、教職員の不適切な言動や指導が不登校の原因となっている場合は、懲戒処分も含めた厳正な対応が必要です。

③児童生徒の学習状況等に応じた指導・配慮の実施

学業のつまずきから学校へ通うことが苦痛になる等、学業の不振が不登校のきっかけの一つとなっていることから、児童生徒が学習内容を確実に身に付けることができるよう、指導方法や指導体制を工夫改善し、個に応じた指導の充実を図ることが望まれます。

④保護者・地域住民等の連携・協働体制の構築

地域社会総掛かりで児童生徒を育んでいくために、学校、家庭及び地域等との連携、協働体制を構築することが重要です。

⑤将来の社会的自立に向けた生活習慣づくり

児童生徒が将来の社会的自立に向けて、主体的に生活をコントロールする力を身に付けることができるよう、学校や地域における取組を推進することが重要です。

以上、生徒指導について考えてきましたが、学校教育では教師と児童生徒及

び児童生徒同士の人間関係を育むことが重要であり、その醸成により指導の効果も一段と期待できることに思いを致し、取組を進めてほしいと願います。

●コラム11　体罰について

　体罰は、学校教育法第11条において禁止されており、校長及び教員、児童生徒への指導に当たり、いかなる場合も体罰を行ってはならない。体罰は違法行為であるのみならず、児童生徒の心身に深刻な悪影響を与え、教員等及び学校への信頼を失墜させる行為である。

　体罰により正常な倫理観を養うことはできず、むしろ児童生徒に力による解決への志向を助長させ、いじめや暴力行為などの連鎖を生む恐れがある。もとより教員等は指導に当たり、児童生徒一人一人をよく理解し、適切な信頼関係を築くことが重要であり、このために日頃から自らの指導の在り方を見直し、指導力の向上に取り組むことが必要である。

　文部科学省「体罰の禁止及び児童生徒理解に基づく指導の徹底について（通知）」（2013年3月13日）より抜粋。

●コラム12　一生の師であれ

　子供たちに教え、育むための指導をする教師の仕事には、やりがいがあります。「先生のおかげで現在の自分があります。」と教え子から言われるような教師になりたいものです。私にも尊敬する恩師がいました。一人一人の子供の個性を大切にし、時には厳しく、また優しく指導してくださった恩師の記憶は、今でも鮮明に残っています。恩師との出会いの中で背中を押され、私の「教師になりたい」という気持ちは高まり、教師になることができたのです。

　恩師との関わりを通して学んだ、次の点に留意して、一人の社会人として尊敬される教師になってほしいと思います。
○「公平であれ。」子供、保護者、地域の方、同僚、誰に対しても公平に接する。
○「嘘をつくことなかれ。」時間をかけて積み重ねてきた信用をなくすことになる。
○「ありがとう。」という感謝の気持ち、「ごめんなさい。」という謙虚な心を大切にする。

第Ⅱ部

教師を
めざすために

第7章
学生生活を通しての学び

　第Ⅱ部の「教師をめざすために」では、福岡教育大学での具体的事例を中心に述べていきます。

　ところで、皆さんは、自分が「大学生活を通して頑張ったこと」を、胸を張って語ることができますか。大学生活において大切なことは、これまでの高校生活と違い、自らで考え、判断し、挑戦していく行動力です。決められたことを実行していた高校時代の「生徒」と「学生」となった皆さんとの大きな違いは、自らが学びの場を求めていく行動が起こせるか否かなのです。

1　大学生としての学びの姿勢

　大学生の本分として、日々の授業を大切にすることは言うまでもありませんが、授業外での活動にどれだけ関わることができたのかで、将来の社会人としてのキャリアは大きく変わってきます。

　大学には、授業外で学ぶ場が多くあります。部活動、サークル活動、アルバイト、ボランティア活動、国際交流活動、海外留学、自治会の活動、学園祭等のスタッフ活動、地域活動などがそうです。これらの活動を通して、授業では得られない経験や体験をし、コミュニケーション力や人間関係力などを豊かに育み、自らのキャリアアップを図ることで、これらの考え方や生き方を蓄えていくことができるのです。

子供たちを指導する立場の教師をめざす皆さんにとって、自分をひと回りも、ふた回りも成長させる貴重な場となるはずです。本学4年の女子学生はボランティア活動を終えての感想を次のように述べています。

> 私は、東日本大震災のボランティア活動と地域のコミュニティセンターのイベント支援のためのボランティア活動に取り組んできました。そこでの人々との出会いや生き様が、自分を奮い立たせ、頑張っていこうという強い気持ちに高めてくれました。また、このボランティア活動が大学生活の4年間を充実させるきっかけとなり、私の将来の職業に向かうためのエネルギーとなりました。教師をめざす後輩たちにも、この経験を伝えていきたいと思っています。

ボランティア活動そのものも大切な体験ですが、上述の感想のように、その体験から得た感動や学びが自分の将来へとつなぐキャリアデザインを可能にします。このような経験の積み上げが自信を生み、自己を確立し、夢の実現へとつながっていきます。まさに、これこそが授業外活動の醍醐味といえます。

一方、ボランティア活動などの授業外活動での貴重な体験は、皆さんが教員採用試験に臨む際にも生かすことができます。部活動で体験した喜びや苦労、サークル活動での友とのディスカッションや協働活動、アルバイトで得た社会人としての常識など、すべての体験や経験が面接試験の応答や論作文試験の記述、志願書の記入事項などに活用できるのです。

これまで述べてきたように、授業外での活動は、活動そのものから得る多くの学びがあると同時に、教師になってからの財産となります。大学生活の4年間をどのように過ごすのか、大学生としての学びの姿勢が問われます。4年間を見通した自らのキャンパスライフを描き、一人の人間として大きく成長することを願っています。

② 学生ボランティア活動の意義とその取組

どこの大学でも、学生のボランティア活動を積極的に奨め、支援を行ってい

ます。そして、その活動を高く評価して授業単位としている大学もあります。本学でも、学生ボランティア活動を積極的に奨励し、九州における教員養成の拠点大学として「豊かな知を創造し、力のある教員を育てる」ことを目標にしています。以下、本学の学生ボランティア活動の考え方や様子について紹介します。

（1）ボランティア活動の意義

　なぜ、ボランティア活動をする必要があるのでしょうか。それは一言で言うと、ボランティア活動は職場適応力を育てるからです。下の「図7-1」を使ってそのことについて説明します。

　現在、20代の若者の離職率が増大し、病気による離職率も増加傾向にあります。それは、若者が大学生活と社会人生活とのあまりにも大きなギャップに不適応を起こしているからです。大学生活では、自力解決が可能な課題や問題が多く、理想的な学びができる環境であるのに対して、社会人になっての生活

ボランティア経験は職場適応力を育てる

【大学】
※福岡県の20代教員離職率、全国8位（2009年東京学芸大学 舞田敏彦）
※福岡県の病気離職率、全国6位（文科省 学校教員統計2010調査）

【学校】
※学校や学級の荒れ、保護者への対応、多忙化、同僚性の喪失等

大学生活：モデル的な学校・教師・児童生徒／理想の学びができる環境／解決可能な課題や問題

これまでは…　学校や教職に対する理解不足　ストレスコントロール等の不足　未知への不安など　→　不適応

教職生活：高ストレスの学校・教師・児童生徒／制限された学びの環境／いじめ・不登校等の解決困難な問題

これからはさらに…　地域社会との関わり　社会貢献活動　ボランティア活動など　学校・地域理解をより深める　社会的問題解決能力を育てる　能力を高めて就職する　→　適応　学校・地域社会の即戦力、リーダー

現実の学校に適応し、学校や地域社会に貢献できる人材の育成

課題　i　卒業までに『社会』・『学校』・『教職』への理解と実践積み重ねる。
　　　ii　卒業までに『社会人基礎力』・『ストレスコントロール力』等を育成する。

図7-1　ボランティア経験で育つ力

は、解決困難な問題が多く、高ストレスや多忙のため、限定された学びの環境となってしまいます。教育現場においても同様に、学校や教職に対する理解不足、いじめや不登校、保護者対応等の解決しにくい困難な問題への対応、ストレスコントロール等の不足、さらには、未知への不安が原因となり、若者が不適応をおこしていることが考えられます。

　これらのことを解決するためには、学生の時からボランティア活動などの社会貢献活動を経験し、地域社会との関わりや学校・地域への理解をより深め、社会的問題解決力を身に付け、実力を高めて就職することが重要となります。学生の皆さんは、ボランティア活動を通して卒業までに「地域社会」、「学校現場」、「教師の仕事」への理解と実践を積み重ねること、また、「社会人基礎力」、「ストレスコントロール力」等の職場適応力を身に付けることが必要です。そして、勤務する学校の生活に適応し、学校・地域社会の即戦力、リーダーとなれる人材に成長してほしいのです。

　次に、本学が進める学生ボランティア活動と一般のボランティア活動との違いについて説明します。

　ボランティア活動は、①自発性や主体性、②無償性、③公益性、公共性、④創造性や先駆性といった４つの特性を持っています。一般のボランティア活動は、奉仕的、すなわち「進んで社会のために貢献すること」に重点がおかれ、無償性と公益性、公共性を強調したものといえます。一般的に、福祉施設での活動や募金、清掃活動というイメージで捉えられています。

　一方、本学が進める学生ボランティア活動は、自発性や主体性、創造性や先駆性の要素を重視し、創造的に自らの生活を見直すもの、たくさんの人との出会いや経験ができ、自分を成長させてくれるものといえます。社会との接点をもつ機会を増やしたり、地域や社会への貢献活動となったりするだけでなく、学生自身が自主性、責任感、協調性、社会適応力等を育み、教員としての資質を高め、教育実践力のある教師となるためものとして捉えられます。

　つまり、本学の学生ボランティア活動は、学校や地域での教育現場での活動を主な内容として、教員を養成するという本学の専門性を生かした教育の一環として位置づけられているのです。

第Ⅱ部　教師をめざすために

今年は、地域のコミュニティセンターの寺子屋事業で1年生のクラスを担当させていただいています。初めてのクラスに入っての学習支援補助なので戸惑うことが多いのですが、元気に挨拶し、接してくれる子どもたちに囲まれているのでとても楽しいです。先生方も遠慮せずにアドバイス等をくださるので非常に勉強になります。ボランティアに参加している先輩や同級生の人と子どもへの接し方や学習指導の方法を意見交換し、改善して取り組むことで、子どもたちが自ら互いに意見を交わし合う姿が生まれてきました。子どもや先生方、そして、地域の方と共に活動する喜びを感じています。また、担任の先生とは違った地域の方の子どもへのかかわりの姿は、私を成長させてくれるものです。（4年女子学生）

図7-2　寺子屋事業に参加しての感想

　上の「図7-2」は学生ボランティア活動の意義を実感している本学4年女子学生の感想です。

　この学生は、地域の寺子屋事業の中で子供や地域の方々と関わり、先輩や同僚と意見交換して指導方法や子供への接し方を改善できたこと、また、学校現場で経験するのとは違った子供への関わり方を知り、見方・考え方が多様になったこと、そして、ともに活動した喜びや満足感を味わっています。

　このように、学生ボランティア活動の意義は、生の学校教育現場や地域での様々な活動に自ら取り組み、ともに活動し、やり遂げたときの感動、自分が役に立つことができた喜びや満足感を味わい、自らの成長につなげていることにあります。

　さらには、自分自身のものの見方や考え方が多様で多面的になること、人としての幅が広がり、新しい価値観が身に付くこと、子供や保護者、教師や地域の方などの人と関わりができること、自らコミュニケーションをとることで望ましい人間関係を育む力が身に付くことなどもあげられます。

　教師をめざす人は、学生ボランティア活動に積極的に取り組んでほしいと思

います。前述の女子学生は、強い向上心をもって、さらに自己成長を図りながら地元の高校で講師を勤め、現在は、かねてよりの目標であった中学校の音楽の教師となり活躍をしています。

次に、学生ボランティア活動の留意点を福岡教育大学学生ボランティア活動の手引きより「学生ボランティア活動の心得」として示します。

1　無理をしない。
2　約束や秘密を守る。
3　ふさわしい挨拶・服装・態度で謙虚さを失わない。
4　周囲の理解を得る。
5　点検やふりかえり。報告書を提出する。
6　関わりを大切にして楽しんで活動する。
7　依頼団体の子供とラインやメール交換等は、してはならない。

大切なことは、「やってあげている」という態度ではなく、相手と対等な立場で「させていただいている」ことを忘れないようにしましょう。また、学校支援ボランティアでは、学生の身分であっても教職員の立場と変わらないので、学校の教育方針をよく理解し、先生方の指導に従い、社会人としての自覚をもちながら活動しましょう。

(2) 学生ボランティア活動で育てたい力

学生ボランティア活動を通して「自分はいったい何ができるのか」について考え、そして、この現実をどう工夫すれば子供たちや先生方、地域の方、学校や地域の団体はよりよい方向に進むのかといった状況を認知する力と現状を変革する実践的な力を身に付けることが大切です。

学校支援ボランティア活動に取り組んで子供に寄り添い、子供の思いや願いを理解すること、担任の先生による保護者への対応の様子を間近に見たり、学校に訴えに来ざるを得ない保護者の気持ちについても、それを推し量り、感じることが重要です。また、地域活動のイベントに参加し、真夏の暑い日にグラウンドの草を刈ったり、ラインを引いたりしているコミュニティセンターの事務局長さんにお話を伺うなどして、様々な課題を主体的に受け止め、その方々

図7-3　地域の祭りの支援　　　　図7-4　運動会での補助

が取り組んでいる地域貢献への熱い思いを実感してほしいと思います。このような経験によって、教師に必要な実践的指導力である学習指導力や学級経営力、子供との温かい人間関係形成力、さらに、保護者や地域対応力の土台が身に付き、信頼される教師になれるのです。自ら経験を積み、自ら社会問題に気づき、自ら判断していく姿勢をもつことが大切です。そして、問題を解決するために多少の困難を乗り越える柔軟な意志力、自ら地域社会に働きかける力、先輩や同僚、教師や子供、保護者や地域の方々など人と関わり、人間関係をつくる力などを養っていってほしいと願います。

「図7-3」や「図7-4」の写真は、学生の目線や笑顔、支える手、地域の方とともに餅つきをする動作から、自分ができることに精一杯取り組み、よりよくしていこうという意思や取組の姿が伝わってきます。ともに活動する喜びを味わいながら、教師になるための学びを自ら深めているこうした姿を、ぜひ学んでほしいと思います。

(3) 学生ボランティア活動の現状

本学では、学生ボランティア活動推進本部を組織し、また、学生ボランティア活動の推進に関する基本方針を掲げ、それに沿って学生ボランティア活動を推進しています。その推進のための3つの理念として「つなぐ」、「であう」、「つくる」を重要視しています。それは、地域社会と大学をつなぎ、人との出会い

第7章 学生生活を通しての学び

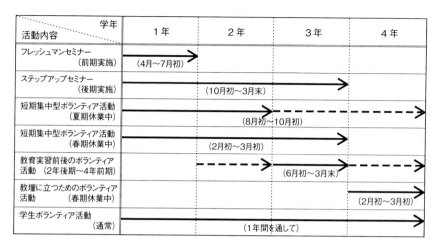

図7-5 各学年段階における学生ボランティア活動の取組

や体験による学びの機会と多く出会わせ、学校や地域社会をつくるために必要な力を養い、地域社会に貢献する人材を育成することをめざしているからです。

また、平成27年度入学生から、「学生ボランティア活動認定システム」を導入し、ボランティア活動に取り組んだ時間数に応じて、サポーター、チーフ、リーダーなどの資格を授与しています。これは、ボランティア活動を行った学校等の担当者からの評価を受けて授与するものです。これにより、社会的通用性を確保するとともに、大学として「地（知）の拠点化」をよりよく担うことのできる教員を育成する取組を行っています。

このような基本的な考えのもとに、上の「図7-5」が示すように全ての1年生に授業としてのフレッシュマンセミナーを受講させ、本学が進めるボランティア活動の意義や役割についての理解を深めています。

そして、大学2年生や3年生には、図中に示したような夏期や春期の休業期間を利用した、郷里や近隣の学校等での「短期集中型学生ボランティア活動」を実施しています。また、3年生での教育実習前後の期間を生かした学校支援のための「教育実習前後のボランティア活動」、さらに、教育現場に出る直前の4年生を対象にした「教壇に立つためのボランティア活動」を通して、教師

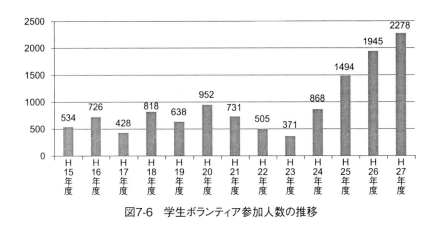

図7-6 学生ボランティア参加人数の推移

としてのキャリアアップが確実に図られるように意図的、計画的、重点的な支援をしています。

上記のグラフ「図7-6」(『平成27年度福岡教育大学学生ボランティア活動報告書』より)からわかるように、平成25年度から学生ボランティアの参加者数が年々大きく増加し、平成27年度は延べ人数にして2,000名を超える学生が参加するまでになりました。学校支援や地域支援のボランティア活動に半年～1年間を通して、長期間活動する学生も増えてきています。また、東日本大震災後の震災復興支援ボランティアに参加する学生も毎年続いています。

また、学生のボランティア活動における満足度や活動後の自己発見や成長の変容の姿などは、次ページのグラフ「図7-7、8、9、10」からも読みとれます。出典は同上報告書です。ほとんどの学生が活動の充実感を味わい、自己成長の姿を実感しています。

次に、学校支援のボランティア活動に参加した3年生と4年生の感想を紹介します(「図7-11」)。

これらの感想を述べた2人の学生は、大学での学びを学校支援のボランティア活動で生かし、実践的な学びへと高めています。また、その後の大学生活への活動意欲が向上し、自分の目標をより明確にすることができています。さらに、担任となったときの学級経営の在り方を想像し、人と人とのつながりなど

第7章　学生生活を通しての学び

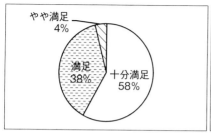

図7-7　満足度

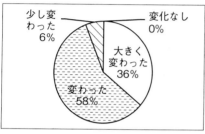

図7-9　学校や地域社会への理解

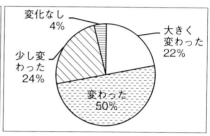

図7-10　大学での生活の変化

図7-8　自己発見や成長

○ボランティアとして学校に行くことで、大学での学習をもとに具体的で実践的な指導を学ぶことができた。子どもへの関わりの中での反応や喜びは、これからの大学生活のモチベーションを上げていく機会となった。教師になるという思いがますます強くなった。（3年男子学生）
○自分が学級を経営するイメージがつかめてきた。こんなにも学校が人と人のふれあう場であるということに驚くとともに、今の自分があるのは、よい人たちに巡り会い、ボランティア活動が「自分自身を成長させてくれたからだ。」と思うようになった。共生社会の重要性を強く感じた。（4年女子学生）

図7-11　ボランティア活動後の感想

学校の地域における役割に気づくこともできています。現在、彼らは、福岡市内や福岡県内の小学校教員となって、活躍しています。

今後も本学が、学校や地域と一体となって学生ボランティア活動を充実させ、そこで育った力を福岡教育大学のブランド力として発揮できることを願っています。

③ 学生ボランティア活動の具体事例

（１）短期集中型ボランティア活動

大学生活４年間を見通した時、夏休みなどの長期休業をどのように過ごすのかは、キャリア形成のうえで大変重要な意味をもっています。本学の夏期休業は約２か月ありますので、「図7-12」のように、その時期にボランティア活動を集中的に行うことによってキャリアアップできるチャンスが生まれます。

そこで、１、２年生が夏期休業の期間に、学生の居住地に近い学校で１～２週間程度のボランティア活動を集中的に行えるようにしました。

学校現場では、夏休み終了前後に補充学習や学校不適応の子供への対応、運

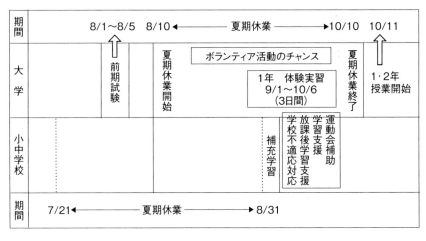

図7-12　短期集中型ボランティア活動

動会等の学校行事が行われるため、学生の支援は必要とされているのです。そして、その期間は学生の夏期休業の期間も重なるのです。学生の皆さんにとっては、次のような効果が考えられ期待されます。

　日常的にボランティアに行く機会のない学生にとっては、長期休業中は、ボランティアに行く機会を得られやすくなります。また、ボランティアの経験がある学生にとっては、別の学校を選ぶことにより、学校、地域の違いを学ぶ機会や異なる校種を経験する機会となります。そして、他県出身の学生にとっては、郷里の学校を選ぶことで自分の出身県の課題などを学ぶことができます。この取組では、特に学生の皆さんが卒業した母校の小・中学校に出向く場合、たいへん温かく受け入れてくださるケースが多くありますので、時間をつくって積極的に参加してみてください。

（２）学校支援ボランティア活動

　福岡市近郊の公立小学校に学習支援ボランティアに参加した４年生の女子学生は、学生ボランティア活動報告会で次のような感想を述べています（「図7-13」）。

　この学生は、学校支援ボランティア活動を通して、子供理解が全教職員の共通理解のもとで行われていることの大切さを体感することができました。ま

　学習支援ボランティアを通して学んだことが２つあります。１つは、子供理解の重要性です。一人の子供の特性を担任の先生、学年の先生、管理職の先生など様々な先生方が理解し、働きかけているということです。２つ目に、学校という組織としてのチーム力がすべての教育活動に欠かせないということです。私は学校のチーム力そのものが子供の成長につながるということを学びました。
　学習支援ボランティアを通して、自分の中で次のような変化がありました。まず行く前は、実際に自分が教師として働く姿が想像できず、漠然とした不安がありました。しかし、それは１年間を通して現場の中で先生方の動きを見たり、たくさんの実体験をさせていただいたりする中で少しずつ解消されていきました。そして「絶対に先生になる。」という決意が固まったのも、この学習支援ボランティアで先生方や子供たちに出会えたおかげだと思っています。（４年女子学生）

図7-13　学習支援ボランティア活動の感想

た、学校組織がチームとして動いていることを先生方の日常の動きの中で感じとることもできたのです。継続して学校支援ボランティア活動に参加した結果、現場に出る前に貴重な経験をすることができたのです。

皆さんは、学校現場で教壇に立つイメージを描いているでしょうか。教育実習の経験からいくつかのイメージはあると思いますが、学校支援のボランティア活動をぜひ経験してほしいと思います。今の子供たちが何を考え、どんな行動や活動をしているのか。また、教師や学校全体がどんな動きをしているのかを知ることができます。皆さんがボランティア活動に参加すると、これまで見えなかったものが見えてくると思います。

(3) 地域支援ボランティア活動

これからの教師は、学校の中で働くだけでなく、地域や外部機関とも適切に対応する力が求められています。その力を学生時代に身に付けるには、「地域支援ボランティア活動」に参加するのが良策です。「図7-14」は、そのことがわかる例として、「赤間宿まつり」に参加した4年女子学生のボランティア活動報告会での発表の一部です。

この学生は、「地域支援ボランティア活動」に参加して、地域の方々から多

　私がボランティア活動を通して、皆さんに伝えたいことが4つあります。
　1つ目は、地域の一員として参加するということです。地域の方々といっしょになってその地域を盛り上げていくためには、「私もこの地域の一員だ」という意識を持つことが大切です。
　2つ目は、「ほう・れん・そう」を徹底することです。これから社会人として組織の中で働いていくうえで、これは非常に大切なことだと考えます。
　3つ目は、感謝の気持ちと謙虚さを忘れないことです。私たち学生を受け入れてくださる地域の方々へ感謝の気持ちを忘れてはいけません。感謝の気持ちを「ありがとうございます」と言葉にして伝えることも大切です。
　4つ目は、教師をめざす人だからこそ積極的に地域振興活動に参加してほしいということです。地域があってこそ学校は成り立っています。登下校の見守りや学校行事などは、地域の協力があってこそ行うことができます。学生時代から地域に溶け込む感覚や喜びを、ぜひ味わってほしいと思います。(4年女子学生)

図7-14　地域支援ボランティア活動についての発表文

くの感謝の言葉をもらったことに感動をしています。教師をめざす学生の皆さんにとって、将来、学校現場に出た時、「地域あっての学校」ということを感じることはとても大切なことです。学生の時から、地域の方々とふれあってほしいと思います。

④ 学生ボランティア活動の評価

ボランティア活動は、本来、個人の自由意志を基本としています。このため、ボランティア活動に評価はそぐわないという考え方があります。しかし、本学では、あえて評価をボランティア活動に取り入れるようにしました。それは教師をめざす皆さんの意欲を向上させ、実績を可視化することでさらにキャリアアップにもつなげたいと考えたからです。それでは、どのような評価を取り入れているのか、説明します。

本学では平成27年度より、上述したような理由から、「学生ボランティア活動認定システム」を導入しました。このシステムは、学生自らがボランティア活動を通して学校や地域と積極的に関わり、さらに向上することをめざすことができるよう、学生の自己評価や受け入れ団体の他者評価をもとに大学・学校・地域が一体となって学生を育てていく仕組みです。この認定評価を通して、教師としての実践的指導力につながる資質・能力としての「主体性」、「協調性」、「創造性」、「調整力」、「企画力」、「ストレスコントロール力」などを効果的に身に付けることができるようにしています。

それでは、どのような評価内容なのか。まず自己評価について次ページの「表7-1」を使って説明します。これは、評価項目を意識することが教師になったときに役立ちますので、なぜこの評価項目が設定されているのか、その理由や意義を考えてほしいと思います。

この評価項目は、ボランティア活動を通して身に付けてほしい資質・能力を自ら把握できるように設定したものです。この10項目は、4つの観点で見ることができるようになっています。その内訳は、「地域社会への働きかけ」は①と②、「対人関係の能力」は③〜⑥、「ストレスコントロール力」は⑦と⑧、

表7-1　学生ボランティア活動自己評価シート

評　価　項　目	
①	学校や地域の人々との出会いを大切にし、意欲的に活動することができた。
②	学校や地域の発展のために、運営や企画にアイディアを提供したり、参加したりできた。
③	欠席や遅刻の場合、前もって連絡をすることができた。
④	場に応じた身だしなみ、明るい挨拶、温かい声かけ、思いやりがある行動ができた。
⑤	誠実な聴き方や前向きな言動に努め、好感が持てる人間関係をつくることができた。
⑥	スタッフとの協働や安全に心がけ、引き受けたことを責任をもって行うことができた。
⑦	課題に対して、熱意を持って取り組む。また、人に相談して解決した。
⑧	活動中、煩わしいことや困難なことがあっても、気持ちよく活動した。
⑨	ボランティア先で出会った人々や児童生徒との交流を楽しんだ。
⑩	ボランティア体験を通して得た自信や成長を実感した。

「自尊感情・自信」は⑨と⑩です。

　初めてボランティア活動に参加すると、どのように動けばいいのかわからず、戸惑うということがあるでしょう。しかし、それが皆さんのボランティア活動のスタートと考えてください。ボランティア活動を経験していくと、お世話になっている先生方から学ぶことも多く、子供たちにどんな声かけをすればよいのか少しずつわかってくると思います。それが自己成長の始まりです。そして、これまで見えなかったものが見えてきたり、気付かなかったことに気付いたりするようになってきます。

　次に、皆さんのボランティア活動の様子を、受け入れ団体の方に評価してもらう「他者評価」について、「表7-2」を使って説明します。ここでは、3段階あるうちの第1段階のサポーター用について説明します。出典は福岡教育大学学校支援ボランティア「認定評価の手引き」学校用です。

　この他者評価は、ボランティア活動の受け入れ先が学校の場合は、ボランティア活動の担当者（教頭先生や主幹教諭の先生）にしていただきます。

表7-2 学生ボランティア活動評価シート（サポーター用）

評価項目	評価観点	サポーター
地域社会への働きかけや貢献	ねらう力	地域社会への関心や愛着
	評価1 協力度	ボランティア活動に主体的に参加することができる。
	評価2 貢献度	要望を理解しスタッフとしての責任を果たすことができる。
対人関係の能力（調整力）	ねらう力	コミュニケーション・信頼関係スキル
	評価1 関わり度	服装・言葉遣い、思いやりがある態度に心がけることができる。
	評価2 役割意識	安全に心がけ、職員等と協働することができる。
ストレスコントロール能力	ねらう力	ストレスへの対応
	評価1 受容度	活動にともなうストレスを自己成長の機会と受け止めることができる。
	評価2 克服度	多少の困難やストレスがあっても、責任ある行動ができる。　　（以下略）

　例えば、「地域社会への働きかけや貢献」の評価で、学生が自分から進んで学習補助の仕方を担任の先生に尋ねたり、学習準備の手伝いをしたりしている場合には、「十分満たしている」という評価を受けることができるでしょう。受け入れ先の先生方も、自分の業務で忙しいのですが、将来の教師になる学生の皆さんだからこそ他者評価を快く引き受けてくださいます。そのことを考えてボランティア活動に取り組むことが大切です。

　最後に、「学生ボランティア活動認定システム」の段階について説明します。

　第1段階の「サポーター」は、ボランティア活動の総計が100時間で得られる資格です。1つの学校のボランティア活動時間または異校種でのボランティア活動の時間を合計したもので、学校支援ボランティア活動が中心となります。

　次の第2段階の「チーフ」は、200時間で得られる資格です。異校種のボランティア活動に加えて様々な地域での学校ボランティア活動の時間を合計した

ものです。

　そして第3段階の「リーダー」は、300時間で得られる資格です。様々な地域での学校支援ボランティア活動と地域での団体等でボランティア活動した地域支援ボランティア活動の時間を合計したものです。

　このように、学生ボランティア活動の認定システムは、「サポーター」、「チーフ」、「リーダー」と活動時間や活動内容によって順次に高まる段階があるのです。

　教師をめざす皆さんにとってボランティア活動は、自分を磨き、キャリアアップができる絶好の機会です。大学の授業の時間割を工夫し、様々なボランティア活動に挑戦してください。学生支援課には、皆さんのボランティア活動を徹底的にサポートするボランティアコーディネーターが3名いますので、大いに活用してください。

　本章では、大学生としての学びの姿勢やボランティア活動による体験活動の意義と役割について考えてきました。学生自身が主体的になり、自らで考え、自らの判断で行動することの大切さを知っていただけたらと思います。

　ボランティア活動に参加することは、教師をめざす皆さんの将来にとって、必ず役立つ有意義な経験となるでしょう。ついてはぜひ、「ボランティア認定システム」を活用してほしいと思います。

●コラム13　出会いはあいさつが決め手

　出会いはあいさつが決め手です。最初にあいさつすると相手は親しみをもってくれますし、それに対するあいさつが返ってくるとさらによりよい関係につながります。

　まず、明るく、さわやかな声であいさつを始めましょう。自分自身が警戒心や不安感を抱いていては、明るい声で相手に働きかけたり、心を開かせたりすることはできません。

　次に、いつでも、どこでも、生き生きと声かけをしましょう。何事も日常での習慣がものを言いますが、あいさつほど日々の訓練が必要なものはないのです。そして、自分から先に声をかけることです。「先んずれば、人を制す」という諺があります。先手で声をかけられれば、相手をリードする力になります。

　最後に、続けて粘り強く声をかけていくことです。人は思い通りにならない存在です。つまりマニュアル通りにあいさつをしたからといって、期待通りの反応が返ってくるとは限りません。その時のその人の状況や立場、気持ち、性格やタイミングなど様々なことを考えたうえで、声をかけるように心がけましょう。普段から、しっかりとしたあいさつをしていると、いざという時にでも自然に相手に届くあいさつができるようになります。

●コラム14　ボランティア活動のすすめ

　ボランティア活動とは、個人の自由意志を尊重し、自分の技能や時間等を進んで提供し、他人や社会に貢献する活動です。そして、その活動は自立性、無償性、公共性、創造性に支えられています。学生の皆さんにとってボランティア活動は、地域や学校への貢献活動にとどまらず、自主性や協調性、社会適応能力を伸ばすよい機会です。

　特に、教師をめざす皆さんにとって学校でのボランティア活動は、教師としての資質を高め、実践的指導力のある教師になるための貴重な経験となります。また、教員採用試験では、志願書にボランティア活動の体験を記載する欄を設け、学生時のボランティア活動の有無を問う自治体が増えています。

　教育現場で、学生時代のボランティア活動の経験を生かし、児童生徒に自分が体験したボランティア活動の意義やすばらしさを伝えてくれることを願っています。

第Ⅱ部　教師をめざすために

第8章
教育実習を意義あるものに

1 教育実習とは

（1）教育実習の意義

　実習がある職業には、教師、医師、看護師、パイロットなどが挙げられます。それは、専門職として、1年目から一人前として扱われるからです。特に教師は、1年目から担任等を任されて、ベテランの教師と同じ仕事をしていかなければなりません。保護者も同僚も、教師1年目といっても大目に見てはくれないのです。同じような仕事量、もしくはそれ以上の働きが求められます。

　このようなことからも、実際の教師の仕事について、事前に体験する教育実習が重要となるわけです。そして、学校現場で具体的な経験を通して教師としての力量を付けなければなりません。教育実習で教師としての基本的な資質・能力の素地を身に付けることが求められているのです。

　特に、教育実習を通して身に付けてほしい点は次の3つです。

　1つ目は、授業力です。子供に確かな学力を身に付けさせる力です。

　2つ目は、学級経営力です。子供一人一人が大切にされ、子供が楽しいと思えるクラスにしていく力です。

　3つ目は、豊かな人間性です。子供や保護者から信頼される魅力的な人格や特性です。

　これらの資質・能力の素地を培うためにも、教育実習は大学で学ぶ理論と教

育現場での実践を結びつけながら体験的に学んでいく活動なのです。

そのために、福岡教育大学では、学年に応じた教育実習が構成されています。それぞれの学年の教育実習を効果的にするために、各実習の重要なポイントを押さえて、主体的に取り組むことが大切です。

本章では、教育実習の心構え、各実習の目的、身に付ける力、内容、方法についてまとめています。皆さんの教育実習がより充実したもの、意義あるものになるよう活用してください。

(2) 4年間を通した教育実習

常に学校現場を念頭に置いて、教師になる志と自覚を高め、実践的指導力を身に付けることをめざして、1年生から4年生まで学修に努めることが重要です。

福岡教育大学では、1年生から「体験実習」を位置づけ、「表8-1」のように4年間を通して継続的に子供たちと関わる実習を設定しています。各実習の目的を的確に把握して、効果のある実習にしていくことが重要です。

表8-1 教育実習システムの全体像

	実習名	実習校	目的
1年生	体験実習	協力学校	児童生徒とのふれあい 教師の仕事の理解
2年生	基礎実習	附属学校	授業を構想する力 本実習の基礎づくり
3年生	本実習	附属学校 一部は協力学校	教育実践力の向上
4年生	教育総合インターンシップ実習	協力学校 一部は附属学校	教育実践力の応用とさらなる向上

(3) 教育実習で身に付ける力

教育実習では、子供たちや保護者はもとより、広く社会からも信頼され、敬愛される質の高い教師を育成することをめざしています。特に、次の3つの資質や能力を身に付けさせることに重点を置いています。

1つ目は、<u>教職に対する強い情熱</u>です。教師の仕事に対する使命感や誇り、子供に対する愛情や責任感などです。また、教師は変化の著しい社会や学校、子供たちに適切に対応するため、常に学び続ける向上心をもつことも大切です。

　2つ目は、<u>教育の専門家としての確かな力量</u>です。「教師は授業で勝負する」と言われるように、この力量が「教育のプロ」のプロたる所以です。この力量は、具体的には、子供理解力、生徒指導力、集団指導の力、学級経営力、学習指導力、教材解釈の力などで構成されています。

　3つ目は、<u>総合的な人間力</u>です。教師には、子供たちの人格形成に関わる者として、豊かな人間性と社会性、常識と教養、礼儀作法をはじめ対人間関係力、コミュニケーション能力などの人格的資質を備えていることが求められます。

（4）教育実習の心得

　教育実習を実りあるものにするためには、しっかりとした社会人としての心構えが必要です。

　1つ目は、教師になりたいという強い意志をもって実習に臨むことです。教育実習は、授業技術をトレーニングする場ではありません。教育実習を行う学校は子供たちが日々、学び合う場なのです。その中に実習生として入り込むということは、真剣に教育に向かう姿勢でなければなりません。「教師になりたい」「先生になりたい」という強い志をもって実習に取り組むことが大切です。

　2つ目は、教育実習が始まる前に、実習以外の仕事を最小限に減らしておくことです。教育実習では、授業だけでなく、様々な業務にも携わらなくてはなりません。学校行事や学校事務、授業研究などの仕事に積極的に参加することは、学校全体の職務を理解し教師としての仕事を把握するために大変重要です。

　また、指導を受ける時間をできるだけ確保しておくために、教育実習以外の仕事はできるだけ事前に済ませておき、実習に全力で臨める態勢を整えましょう。

3つ目は、教育実習が始まる前に、十分な準備をしておくことです。教育実習は3週間または2週間という短い時間で学校現場の様々な体験をしなければならないので、実習前に必要なことは整理し、教材研究などの十分な準備をしておくことが必要です。

　また、学習指導案の作成に際しては、学習指導要領の準備はもとより、作成のための参考となる書籍や雑誌などを事前に数多く集めておき、教育実習前に目を通しておくことも大切です。さらに、先輩や実習が終了した友人などから実際に作成した学習指導案についての話を聞き、手本にすることもよい学習指導案を書くための1つの方法です。

　4つ目は、実習生には、教師としての立場と学生としての立場があることを理解して行動することです。教育が子供の成長と発達に多大な影響を及ぼすことを自覚して、常に誠意をもって子供に接し、子供を見守る教師であるという自覚をもつことが必要です。一方、実習中には実習生として、折にふれて多くの先生方から指導を受ける立場でもあります。この2つの立場があることを常に意識して行動することが大事です。

　5つ目は、教師としてのふさわしい服装、言葉づかい、態度を心がけることです。また、実習生として、清潔で、若々しくさわやかな雰囲気でなければなりません。そのためには、教育現場にふさわしい服装や髪型、立ち居振る舞いに心がけ、子供たちを指導する立場にあることを自覚することが大切です。茶髪、ピアスなどは絶対に避けるようにしましょう。上履きもサンダルのようなものはやめ、ひもでしっかりと結べる靴にしてください。とっさのときに子供を守る行動ができるようにするためです。

　あいさつは、人間関係の第一歩です。明るく、すがすがしいあいさつを心がけることが大切です。また、教師であることを自覚して、実習校の先生方や子供に対して、常に正しい丁寧な言葉づかいをすることが必要です。

　以下、1年生での「体験実習」、2年生での「基礎実習」、3年生での「本実習」、4年生での「教育総合インターンシップ実習」と順に、本学の教育実習の具体的な在り方について述べます。

2 教師の仕事がわかる「体験実習」

「体験実習」は1年生で実施され、4年間を通した教育実習の出発点であるとともに、大学での学修及び各学生の教職としてのライフステージの第一歩となる重要な実習です。教育活動、教師の業務の参観と補助、児童・生徒との交流等により、教職について理解し、教職への意欲の喚起、学習の動機づけを図るための実習であることを心がけることです。

●必修　1単位　　●9〜10月の3日間

（1）目的

実際の授業等を参観したり、実際に子供たちと交流したりすることにより、教師の仕事を理解するとともに、教えることや教職への関心・意欲を高める。

（2）内容

　①教師の仕事の理解（教えることの難しさと喜び）

　②学校という組織の理解（学校の教育目標、重点目標、校務分掌）

　③子供との接し方（ほめ方、叱り方、けがや病気への対処の仕方）

（3）育成したい資質・能力

　①学校の業務、教師の実際の業務、授業等での姿、授業以外の業務

　②教師をめざすにあたって意欲の喚起、教師に求められる資質・能力の気づき

　③教師以外の多くの者が教育活動を支えていることの理解

　④教師の取組が児童生徒の成長に大きな影響を与えることの理解

（4）方法

　①大学での事前指導

教師像、教職理解の確認、学校での基本的な礼儀や規律、留意すべき事項の理解、授業参観でのポイント、授業記録の仕方等について学ぶ。

　②体験実習協力校での3日間の学校現場参観

　　○朝の職員朝礼等の参観　　　○各学習指導の参観、補助

　　○授業の準備等の参観　　　　○休み時間での児童生徒との交流

○給食の流れ、給食指導の参観　○朝の会、帰りの会の参観
　　○担当教師に対するインタビュー
　③大学での事後指導
　教師像、教職理解の深化、学生同士の意見交換による体験実習を通じた教職、学校教育の現状、教員として必要な資質・能力についての気づき、今後学ぶべきことを明確にする。
　【実施場所】　福岡県内の小学校や中学校、または特別支援学校
（5）留意点
　　①基本的に、実習期間3日間すべてに出席すること。
　　②各学校までの交通費、給食費は、各自が負担すること。
（6）体験実習の様子
　体験実習では、「図8-1」のように、授業の補助で個別指導をしたり、体育の時間の補助をしたりして、子供への関わりを学ぶことができました。
（7）実習後の学生の感想
　次ページに掲載した感想にあるように、3日間という短い期間ではありましたが、実際に学校へ行き、子供たちとふれあうとともに、子供に教える教師という職業を体験することによって、教師としての喜びや教師の仕事の大変さを実感することができました。この経験を通して教師という職業のやりがいや素

図8-1　個別指導もしたよ！

晴らしさを肌で感じ取り、教職への意欲を高めることができたことが感想からわかります。学生にとっては初めての教師、初めての学校を体験することで、人生の中でこれまでにない重要で感動的な体験ができたのです。

【平成28年度入学初等教育教員養成課程の学生の感想】（実習日誌より）

○児童から「先生」と呼ばれることに対するうれしさを強く感じました。
○私の中で「教師」というぼんやりとした仕事が、少しはっきりしたように思います。
○この体験実習で「教師」という仕事の大変さを知ると同時に子どもの笑顔を一番近くで見ることができる仕事は教師しかないと改めて思いました。
○「先生、就職○○小にしないの？僕、先生がいたから、久しぶりに学校が楽しいって思えたんだ。」と不登校気味の子が実習最後の日に言ってくれた。本当に泣きそうになりました。教師としてのやりがいを見つけました。

③ 授業の仕組みがわかる「基礎実習」

「基礎実習」とは、大学の専門教科で積み重ねてきた学習と教職に関して様々な領域や観点から学んできた内容を生かして、実際の授業を通して授業の構想力や構成力を高めていく教育実習です。その授業構想力を育成するために、2年生の時期に附属学校での研究授業を中核にして、合計15回の大学での授業として設定しています。特に、実際に指導案を書いたり、模擬授業をしたりしながら、授業の構成を理解する過程を大切にしています。また、研究授業を参観させて、その授業反省協議会を体験させるという一連の授業研究の過程を経験させることにより、授業を構成する力を身に付けます。

　●必修　1単位　　●10～11月（実習時期）
（1）目的
　大学での講義や附属幼・小・中学校の研究授業の参観、授業反省協議会への参加を通して、各教科等の授業や保育を構想し構成していく力を身に付ける。

(2) 内容
　　○教材研究　　○授業参観　　○学習指導案の作成　　○模擬授業を体験
(3) 身に付けさせたい力
　　①授業構想力　②学習指導案を書く力　③授業を見る力
　　④授業を評価・反省する力
(4) 基礎実習の授業計画
　　①オリエンテーション　②授業の構成について　③附属学校で取り上げられる教材の事前研究　④附属学校で授業参観、反省協議会に参加
　　⑤学習指導案を作成しての模擬授業　⑥附属学校教員等による講話
　　⑦基礎実習の反省をして自分の課題の明確化
(5) 方法
　　大学で学習指導案の書き方や授業の見方について学び、研究授業の実際や授業反省協議会に参加して授業構成の在り方についての学びを深める。
(6) 「基礎実習」でティームティーチングを体験した学生の感想

> ○授業にT2として参加させていただくことで、ただ授業を観察するだけでなく主体的に参加しようという意欲も高まりました。未来に向けてとてもよい体験ができました。（2年女子学生）
> ○生徒に話しかけたり、様々な意見を聞いたりすることができ、とても参考になりました。T2として入ることで、反省協議会で質問されたときなどに、しっかりと応えられるようにならねばという自覚も生まれ、よい刺激になりました。（2年女子学生）

　学生は、初めて授業の組み立ての難しさに直面し、授業の奥深さに圧倒され教材研究の必要性をひしひしと実感することになります。ティームティーチング方式で授業をした者には尚更だったことでしょう。そこで、どんなことを学習したらよいかを体得し、この後に3年生の本実習を参観していくのです。その中で、教師の具体的手立ての重要性、発問の大切さなど授業を構成する力を学んでいきます。このように、「基礎実習」は、次年度の本実習をより効果のあるものにしていくための基礎となる大切な実習です。
　「教師は授業で勝負する。」という言葉があります。それは授業を通して、子

供にしっかりと学力を付けていくことが重要であり、その力を付けさせるためには教師の授業力が重要になるからです。そこで大切なことが３つあります。

　１つ目は、子供に聞く態度を身に付けさせることです。授業中は、見る、聞く、書く、話すなどの活動がありますが、聞く（聴く）ことが最も重要です。ただ単に聞くというしぐさではなく、目と耳と心で集中して聞くことが大事です。そのためには、聞く姿勢や聞かせるための教師の話し方のテクニック（声の抑揚、間の取り方、話しかける人の限定など）も必要なのです。

　２つ目は、子供に学習のめあてをしっかりともたせることです。めあては、子供の学ぶ意欲と学びの対象とが一体化した状態です。そこには、何々（①目標）を、何々することによって（②方法）、何々しよう（③活動）という３つの中身が含まれていることが必要です。例えば、算数科の例で言えば、①平行四辺形の面積を、②面積が求められる図形に変形して、③求めよう。社会科の例では、①なぜ、大きな工業地帯は必ず海の近くにあるのかを、②地図や写真を見てわかることから、③考えよう、というように示すことです。

　３つ目は、目的を明確にした発言にすることです。教師の授業中の発言は、次の４つに分けられます。
①指示：子供の行動を促す発言。（徹底する。できるまで待つなど。）
②説明：子供の理解を促す発言。（発達段階に即したスモールステップの原理で。）
③発問：子供の思考を促す発言。（疑問を抱かせる。言ったあと、間をとる。）
④賞賛：子供の姿を励ます発言。（具体的に個別に観点と数値を入れる。）

　特に、指示と説明を区別することが重要です。また、発問は刀のように研ぎ澄ました明確なものでなくてはなりません。できるだけ言い直したり、繰り返したりすることは避けるように心がけましょう。最後に、賞賛や励ましが多い教師は、子供の姿をよく見ているという点からも優れた教師だといえます。説明は最小限にして子供が発言する場を多く設定して、たくさん子供を褒めていく教師をめざしましょう。

④ 実際の教壇に立つ「本実習」

「本実習」とは、附属学校等で実際に行う授業について学習指導案を書き、児童生徒の前に立って研究授業を行うことを通して教育実践力を育成する実習です。大学で修得した諸学問の成果を実践的経験を通して再構成し、理論と実践を統一することができるよう学ぶ、という姿勢で臨むことが大切です。そのためには、学習指導要領の熟読など周到な準備を欠かすことはできません。

　●必修　5単位　●9月〜10月の3週間

（1）本実習の目的

①一人一人の子供の個性や可能性を的確に捉え、それらを正しく伸ばすための専門的な指導技術の基礎を修得する。

②教材に関する内容研究を十分に行い、教師としての授業力を身に付ける。

③学習指導だけでなく、学級経営、生徒指導など教師として果たすべき役割を把握し、学校における教育活動全般についての認識を深める。

④人を教育する喜びと厳しさを体得し、教師としての使命や責任を自覚する。

⑤教育者としての資質・能力、適性を見極め、自分の進路を考える場とする。

（2）内容、留意点

まず、教育実習までの事前の取組について説明します。

①5月に附属小・中学校にて、事前指導が実施される。学習指導案の書き方等の講話のほか、各配属学級に分かれて打合せなどを行う。

②附属小学校での実習生は、5月の事前指導の後、示範授業で参観する。
　授業について、事前に参観ガイドや小学校学習指導要領解説を熟読する。
　示範授業当日は、学習指導案と参観ガイドをもとに参観し、各自で授業記録を取る。（8月に2回、作成した学習指導案についての指導を受け、その後、修正した学習指導案を提出する。）

③実習先の学校と事前の連絡を密にとる。
　　実習先の学校と連絡を密にとり、実習中の教科書、学習する単元、活動の課題などを事前に把握し、自分の実習の目標を明確にしておく。
④実習中に取り組む学習の単元、活動の課題に合わせながら指導の在り方、学習指導案の書き方などを事前に学習しておく。
⑤実習中に使用する教科書は必ず購入し、熟読する。小学校で実習を行う者は、自分の査定教科の教科書だけではなく、配属学年の全教科の上・下巻すべての教科書を購入する。

次に、教育実習中の取組について説明します。

①一人一人の子供の学習権を尊重した実習をする。
・子供一人一人のプライバシーを尊重する。
・子供に対する公平さを失わないようにする。
・子供たちに対して、体罰など暴力的な言動をとらない。
②実習生の2つの立場を自覚する。
　　実習生は、子供たちにとっては「先生」であり、指導の立場にあることを自覚すると同時に、指導力量について、折にふれ指導を受ける立場でもあることを自覚しておくことが大事です。
③意欲的、積極的、研究的な実習に徹する。
・教材研究を十分にし、創意にみちた学習指導についての研究をする。
・実習が始まった早い機会に「自分の研究課題」を設定し、実習期間を通じて追究する。
・教育実習日誌は、研究の歩みの記録です。教育実習に伴う所見、疑問、感想などを漏らさず記録しておく。
④学習指導だけでなく、学級経営や生徒指導にも積極的に取り組む。
　　教員の仕事は学習指導だけではなく、生活指導・生徒指導にも十分に留意しなければならない。学級事務、掃除指導、休み時間の子供との遊びや運動、教具の作成、教室の整理整頓、給食指導等様々な仕事があります。
⑤健康管理に努める。
　　健康と安全に留意し、事故、けがのない実りの多い実習をするために持

病（食物アレルギー等）を抱えている人は、事前に必ず大学の指導教員や健康科学センター、教育支援課実習窓口に相談をし、指示を仰ぎましょう。

最後に、実習後の礼状の送付について説明します。

実習期間中、お世話になった校長先生や指導教員に礼状を出すことが大事です。形式的な文面ではなく、実習期間中に心に残ったことなどを含め、「この教育実習で、こういうことを学びました。」という真心と教育的力量の表れた礼状を送るようにしましょう。

(3) 身に付ける力
　　◎教育実践力　　〇授業力　　〇学級経営力　　〇教師としての資質

(4) 方法
　　附属小・中学校等での3週間の教育実習、査定授業

(5) 本実習の様子

自分で学習指導案を書き、実際に教壇に立って授業をします。(「図8-2」)

緊張と不安を抱えながらも笑顔で臨み、子供たちとの真剣勝負が始まります。教材研究の深さと準備の周到さがカギを握ります。いくら準備をしていても、授業は上手くいくとは限りません。でも、子供たちの「わかった。」や「できた。」という喜びの言葉や子供たちの生き生きとした表情に助けられます。

また、休み時間には、子供たちが実習生の腰や腕にぶら下がって離れようと

図8-2　初めての授業

しません。この時、子供たちのことを一段と愛おしいと感じることでしょう。
　このように、本実習では教師としての喜びや苦しみ、やりがいを感じる体験をします。これらの感動的な体験が教師をめざすエネルギーとなります。この実習を経て、めざす教師像を一層明確にしていかなければなりません。そのことに傾注する学生は、実習後の大学での学修がより意欲的になります。

(6) 実習後の学生の感想【初等の学生】
　次の実習後の感想から、子供の言動や表情からの学び、教師という仕事の魅力、授業の在り方など、多くの学びを得たことがうかがえます。

> ○朝から子供の笑顔を見るだけで、今日もがんばろうと思うことができ、本当に子供がくれるパワーはすごいなと感じることができました。（3年女子学生）
> ○3週間の実習を終えて、先生という仕事に新たな魅力を感じ始めました。「こんなにやりがいを感じることができる仕事は、なかなかないだろうな」と思うようになりました。（3年男子学生）
> ○私の授業があると知って「やったあー。」と声を出して喜んでくれ、授業の終わりには「先生の授業楽しかった。」と言ってくれる子供たちのために、もっと楽しい授業をしてあげたいと思いました。（3年女子学生）

　この本実習を通して教師になる決意が固まったという学生が多くいます。本実習を経験して、教師の喜びや苦しみ、やりがいを体験して教師になるという思いが高まったのです。
　ところで、福岡教育大学に受け継がれている精神に、「国は、人が造る。人は、師魂がつくる」という言葉があります。師魂とは、人を導く者の魂であり、教育の本質を表したものです。教育は、教える者と教えられる者の魂が呼応して初めて成立するものであり、魂同士のぶつかり合いなのです。そこで、教師は師魂からほとばしるエネルギーを基盤に、教育実践力を発揮して、教育に真摯に取り組むことができるのです。
　具体的には、子供が好き、教えることが好きでなければなりません。さら

に、教えることが楽しい、子供の成長を喜ぶ、教えることに喜びを感じることのできる教師をめざしてほしいと思います。代々、この師魂を継承していくことが福岡教育大学の使命だと考えます。本実習で、この師魂が学生の心に宿ります。この師魂をすべての学生に根づかせ、大きく育てていきたいものです。

（7）事後指導後の学生の感想

事後指導は、自らの教育実習を振り返る大切な活動です。現職の先生方や子供たちから学んだことを記録に残しておくことが、次の活動や教員採用試験にも役立つのです。

事後指導後の3年生の感想を下に紹介します。3週間の教育実習を通して、現職の教師の姿や授業での生徒の姿から多くのことを学んだ様子がわかります。また、教師になりたいという強い決意もうかがえます。

○現場の先生方は、生徒から「わかった」や「楽しかった」の一言のために心血注いで働いているんだなと実習を通して身をもって知った。3週間という短い時間だったが、人生の中で最もめまぐるしく、学ぶことだらけの実習となった。（中等教育教員養成課程3年男子学生）

○教師という職業の楽しさや奥深さを知ることができました。自分の不慣れな授業に一生懸命考えたり、キラキラした目で挙手したりする生徒に接し、改めて教師になりたいという思いが高まりました。（中等教育教員養成課程3年女子学生）

（8）授業反省協議会における自評の述べ方について

①主眼について

・主眼が達成されたかどうかについて述べる。

・その根拠を、子供の活動の姿、学習記録から述べる。（発言・動き・表情・ノート・作品を踏まえて述べること。）

②主眼の達成が不十分な原因とその改善策について

・児童観から（子供の実態や資質・能力の捉え方などについて）

・教材観から（教材分析や教材開発などについて）

・指導観から（学習活動の具体的な支援の有効性について）

図 8-3　授業反省協議会の様子

　研究授業をしただけでは、授業力の向上は望めません。「図8-3」のように授業の結果を自ら説明し、かつ分析して、きちんと自評を述べることができることが大切です。

　次に、授業反省協議会で指摘を受けた内容については、謙虚な姿勢で受け止めるだけでは足りません。自分なりの改善策を生み出して初めて自分のものとすることができます。このようにして授業を改善していく態度は、学び続ける教師としての重要な資質です。常に子供から、そして授業から学ぶ態度を持ち続けたいものです（「図8-3」）。

⑤　教師を丸ごと体験する 「教育総合インターンシップ実習」

　「教育総合インターンシップ実習」とは、学校現場で継続的に子供や教員と生活をともにしながら、教育現場の日常を幅広く体験することにより、教えることの喜びと難しさを自覚させ、応用力を磨き、総合的な教育実践力を高める実習です。

　　●選択2単位　　●10月〜11月の10日間
（1）目的
教員のお手伝いをすることを通して、教員としてのノウハウを会得していく。

第8章　教育実習を意義あるものに

（2）内容・方法
①担任の補佐をしながら協力校で2週間（10日間）行う。
②学級担任・教科担任の補助、委員会活動等の補助をする。
（3）身に付ける力
①教師の仕事に対する使命感や誇り　②子供に対する愛情や責任感
③礼儀作法やコミュニケーション力　④同僚や他の教職員と協力していく力
（4）留意点
　社会人としての基本的な素養を身に付けるために、①一人の教師としてふるまう、②先輩や同僚から学ぶという謙虚さをもつ、③TPOに応じた身だしなみや相手の人格を尊重した言葉づかいと行動に心掛けることが大切です。
（5）実習後の学生の感想

> ○今回の実習で、「学習規律で大切にすること」「どんな学級を築きたいか」「どんな生徒を育てたいか」「そのために何をすべきか」を明確にもつことが必要だということがわかった。（中等教育教員養成課程4年男子学生）
> ○附属とは全く違う公立の学校の様子を見ることができた。また、授業以外の教師の仕事をたくさん体験することができた。（中等教育教員養成課程4年女子学生）
> ○教師になりたいという気持ちをより一層強くすることができました。4月から実際に教師として教壇に立つので、学級開きなどの準備をしていきたい。（中等教育教員養成課程4年女子学生）

　学生の感想には、「教師になるという夢を実現させたい」と願う強い意欲が感じとれます。これが「教育総合インターンシップ実習」の成果です。
　この実習は、4年間の教育実習の総まとめの実習になります。1年生の「体験実習」、2年生の「基礎実習」、3年生の「本実習」を通して身に付けた教師としての授業力や学級経営力、豊かな人間性を実践的に活用するとともに、それらを応用し、また、向上させる実習です。同時にそれは、自分自身の教師としてのよさや不十分さを見つめる実習でもあります。自らの教育実践力を見直し、準備をしっかりとして、自信をもって教壇に立ってほしいと願っています。

第Ⅱ部　教師をめざすために

●コラム15　板書を見れば、教師の力量がわかる

　板書は、子供の思考過程を視覚化したものです。板書の内容と構成を見れば、教師の授業力量がわかるのです。授業の具体的な流れを考える場合には、まず板書の構成を考えましょう。そうすれば、授業で何が大事で、どんな内容を、どのように展開していけばよいかが明確になります。
　板書が構造的になっているかどうかを、次の「板書チェック項目」で点検しましょう。
- □　めあてとまとめがある。
- □　大事なところには、色チョークを使っている。
- □　子供の発言は、キーワードでまとめている。
- □　矢印や図などを有効に使っている。
- □　写真やグラフ、フラッシュカードなどを活用している。
- □　授業活動の流れが、一目でわかる。

デジタルカメラなどで記録しておくと、自分の成長の足跡がよくわかります。

●コラム16　教科書について

　教科書とは、「小学校、中学校、義務教育学校、高等学校、中等教育学校及びこれらに準ずる学校において、教育課程の構成に応じて組織排列された教科の主たる教材として、教授の用に供せられる児童又は生徒用図書であつて、文部科学大臣の検定を経たもの又は文部科学省が著作の名義を有するもの」とされています（「教科書の発行に関する臨時措置法」第2条）。
　全ての児童生徒は、教科書を用いて学習する必要があります。学校教育法第34条には、小学校においては、これらの教科書を使用しなければならないと定められています。この規定は、中学校、義務教育学校、高等学校、中等教育学校、特別支援学校にも準用されています。なお、高等学校、中等教育学校の後期課程、特別支援学校並びに特別支援学級において、適切な教科書がないなど特別な場合には、これらの教科書以外の図書を教科書として使用することができます。

第9章
教員採用試験に向けての心構え

　毎年9月から10月にかけて発表される各自治体の教員採用試験の合格発表の日は、合格者の笑顔と歓声に包まれた日になります。ある学生は、「教員採用試験の結果を携帯で知り、体の震えが止まりませんでした。」とその時の喜びを語っていました。皆さんにとっても、このような素晴らしい日になることを願って、教員採用試験に向かうための準備と対策について、福岡教育大学での取組を中心に紹介します。

1　教員採用試験とは

　大学で教員免許を取得するのに必要な単位を修得し、教育委員会に申請することによって教員免許状が交付されます。しかし、教員免許状を取得しただけでは正規の教員にはなれません。公立学校の場合、それぞれの自治体が実施する教員採用試験に合格し、採用通知が届いてはじめて教員に採用されることになるのです。教員採用試験は、教師になるためには、だれもが通らなければならない関門です。以下、公立学校を志願することを前提に解説します。

（1）教員採用試験の試験内容

　教員採用試験に向かうためには、まず、試験内容を熟知しておくことが大切です。試験内容は、それぞれの自治体が毎年発表する『教員採用試験実施要項』に掲載されています。教員採用試験は、1次試験と2次試験が実施されるのが通例で、試験内容が、1次試験と2次試験で異なります。平成28年度に実施された福岡県公立学校教員採用候補者試験を例に挙げて説明します。

　①1次試験の内容

　1次試験は、下の「表9-1」のように、一般教養、教職教養、専門教科などの筆記試験が中心となります。一定基準の点数を越えなければ次の選考に進めません。近年の試験では、人物重視の傾向が強く、1次試験から集団討論や集団面接、グループワーク、個人面接などを実施する自治体も増えています。

表9-1　1次試験の内容

7月16日（土）	7月17日（日）		7月18日（月）
	午前	午後	
集団討論（教職大学院修了予定者特別選考志願者を除く）	教職教養（択一式）（教育原理・教育心理・教育法規等・一般教養）専門教科（択一式及び記述式）※小学校受験者の専門教科には英語リスニングテストがあります。	実技試験（中学校：保健体育、音楽、美術）（高等学校：保健体育、美術）（教職大学院終了予定者特別選考志願者：保健体育、音楽、美術）リスニングテスト（中学校：英語）、（高等学校：英語）特別支援専門（択一及び記述式）	実技試験（中学校：保健体育）（高等学校：保健体育）（教職大学院修了予定者特別選考志願者：保健体育）
	集団討論及び集団面接（教職大学院修了予定者特別選考志願者）		

　②2次試験の内容

　2次試験は、次ページの「表9-2」が示すように、個人面接、模擬授業などの人物試験と論作文、実技試験が中心となります。自治体によっては、小学校

受験者にも、日常会話程度の英会話実技が実施されます。また、集団討論や集団面接などの試験も実施されます。

表9-2　２次試験の内容

試験区分	試験内容	備　考
※模擬授業・個人面接・論文・適性検査は、すべての試験区分で実施されます。		
小学校教員	水泳実技 音楽実技 体育実技 英会話実技	○個人面接は、模擬授業に継続して行う。 ○小学校受験者の水泳実技の泳法は、クロール又は平泳ぎとする。 ○小学校受験者の音楽実技については、小学校第4学年から第6学年までの歌唱共通教材の中の事前に指定する3曲のうち1曲を本人が選択し、演奏しながら歌唱する（楽譜は各自持参すること。）。 ○小学校受験者の体育実技については、器械運動（マット、鉄棒、跳び箱）、ボール運動（バスケットボール、サッカー）の中から試験当日指定するものを実施する。 ○小学校受験者の英会話実技については、英検2級程度のものを実施する。
中学校教員	英語面接 実技試験	○中学校受験者の英語面接については、英語受験者のみ実施する。 ○中学校受験者の実技試験については、理科、家庭、技術受験者のみ実施する。
高等学校教員	英語面接 実技試験	○個人面接は、模擬授業に継続して行う。 ○英語面接については、英語受験者のみ実施する。 ○実技試験については、理科、家庭、農業、工業、商業受験者のみ実施する。
特別支援学校教員		○個人面接は、模擬授業に継続して行う。

（２）募集要項の配布から採用まで

採用試験は、志願書の提出、１次の採用試験、１次試験の合格発表、２次の採用試験、２次試験の合格発表、採用手続きと数ヶ月間の長期戦になります。

試験対策を継続させるためにも、計画的に取り組むことが肝要です。そのためには、どのような流れで試験日を迎えるのか、次ページの「図9-1」のような全体のスケジュールをつかんでおくことが大切です。

第Ⅱ部　教師をめざすために

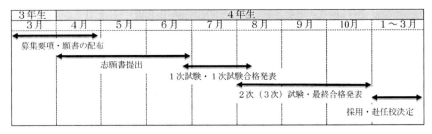

図9-1　採用試験のスケジュール

ここで、試験が実施されるまでのスケジュールについて、詳しく説明を加えたいと思います。

①募集要項の配布について

3月から4月にかけて、自治体ごとに募集教科、募集人数、試験内容などを記した募集要項が配布されます。募集要項を熟読し、試験内容を確認することが大切です。

②願書提出について

次に、受験する自治体へ志願書を提出しますが、試験日の日程が重なっていなければ併願も可能です。志願書には、氏名、住所、生年月日などのほか、自己PRや志望動機なども記載しなければならない自治体もあります。提出は郵送又は自治体へ持参という場合が多いですが、中にはインターネットでの提出もあります。この志願書は面接の際は面接官の参考資料となるので、相手に伝わる内容を丁寧に記入しましょう。

③1・2次試験について

1次試験は、早い自治体は6月下旬から始まります。遅いところでも7月中には実施されます。1次試験終了2～3週間後には、1次試験の結果が発表され、8月には2次試験が開始されます。自治体によっては、2次試験が9月中旬まで続きます。

④2次試験の結果と採用について

2次試験の結果は、9月初旬から随時公表され、10月中旬頃には全ての自治体の結果が公表されます。結果は、本人に通知されますので、それを受けて、

期限までに採用の手続きをすることになります。

2 教員採用試験に向けての準備

　教員採用試験のための準備は、多様な形式で実施される試験のことを考えると、4年生から始めても苦労を強いられます。大学に入学した1年生から始まっているのです。「絶対に教師になるという強い決意」と「試験対策へ向かう行動力」が重要となるのです。
　それでは教員採用試験に現役で合格するためには、どのような準備をすればよいのでしょうか。その準備のための重要なポイントを4つ紹介します。

（1）「受験地と校種」を早期に決定すること
　自分の出身県を本命受験地にしたい気持ちはよくわかりますが、まず各都道府県の採用状況や大学での採用実績などを十分に吟味し、2年生の終わりごろまでに受験地と校種を決定することがよい結果を生みます。（但し、福岡教育大学の推薦入試Ⅰでの入学者は、出身県を受験地としなければなりません。）

（2）「受験地情報」をしっかりと把握すること
　教員採用試験は情報戦ともいわれています。事前の周到な準備こそ、勝利への近道です。
　受験地の願書に書く内容、出願手続きの仕方、試験の内容、試験の配点や選考方法、求める教師像等々、2年生の段階で受験地情報を確実に把握しておくことです。そのためには、各教育委員会が発表している教員採用試験実施要項（募集要項）やホームページで情報を収集、整理しておくことが大切です。

（3）「受験地の過去問題」を綿密に分析すること
　筆記試験は、1次試験で実施され、内容も多岐にわたっていますので、早い時期からの対策が求められています。そして、ただ闇雲に問題集に挑戦するのではなく、受験地にマッチした効果的、効率的な対策を行うことが重要です。

そのためには、受験地の「教職教養問題」と「専門教科問題」の過去5年間分の問題を分析して、出題傾向や出題パターンなどを3年生の早い時期までに把握しておくことです。

福岡教育大学の4年生に教員採用試験終了後に実施した調査（平成28年11月、調査協力者283名）の結果を「図9-2 過去問分析の効果」に示しましたが、そこからもわかるように、過去問の分析をしてから1次試験に臨んだ受験者の82.4%が、「過去問分析したことの効果は大いにあった」と答えています。

また、「図9-3 過去問分析の状況と1次試験の合否との関係」からは、過去問分析をしていない受験者よりも、過去問分析を徹底的にして試験に臨んだ方が合格率は高いこともわかりました。

これらの調査結果から、受験地の過去問題の分析をして筆記試験対策に臨む

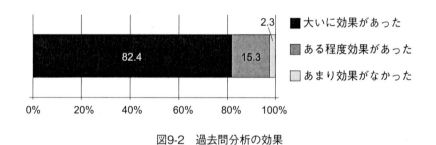

図9-2 過去問分析の効果

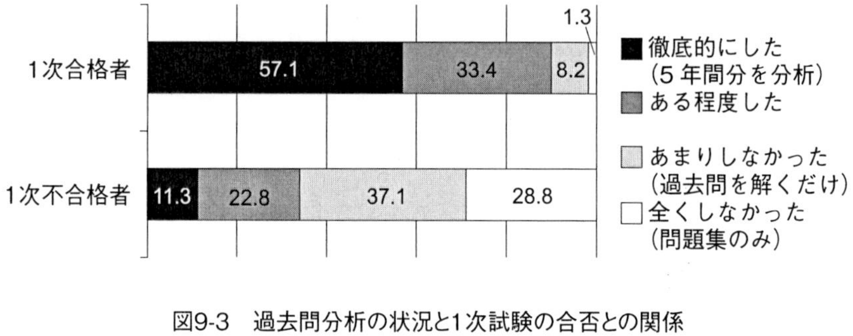

図9-3 過去問分析の状況と1次試験の合否との関係

(4)「学年に応じた試験対策」を理解しておくこと

　福岡教育大学での教員採用試験対策の大まかな流れは、次の「表9-3」の通りです。「受験地と校種の決定」と「受験地の情報収集」は１、２年生までに、「受験地の過去問分析」と「筆記試験対策」は３年生までに、「志願書の書き方等の直前対策」と「面接試験対策」は４年生で行うことが重要です。このように試験対策には、その順序と対策時期がとても大切なのです。

　また、大学が行っている『教員採用試験のための特別講座』も、この流れに沿って実施されています。

　それぞれの学年に応じた試験対策のためのスケジュールを立てる際の参考にしましょう。

表9-3　学年に応じた試験対策

試験対策の順序		対策学年
①受験地と校種の決定	②受験地の情報収集	１・２年生
③受験地の過去問分析	④１次試験の筆記試験対策	３年生
⑤志願書の書き方等の直前対策	⑥１次・２次試験の面接試験対策	４年生

③　筆記試験対策のポイント

　筆記試験は主に１次試験で実施されますので、筆記試験を突破することが合格のための必須条件となります。そして、筆記試験の内容は、範囲も広く、専門的な内容が多くあり、効果的、効率的な対策が求められます。

　では、筆記試験で行われる「一般教養試験」、「教職教養試験」、「専門教科試験」、「論作文試験」ついて、実際に取り組むためのポイントや具体的な対策などについて説明します。

(1) 一般教養試験と教職教養試験

①対策のポイント

> 1　受験地の5年間分の過去問題を分析して出題傾向をつかむ。
> 2　中央教育審議会答申や文部科学省の通知文を調べる。
> 3　志願自治体が策定している教育施策を調べる。
> 4　時事的な出来事に関する新聞記事等をファイルしておく。
> 5　高校の教科書や参考書を基に、主要教科等の復習をする。
> 6　志願自治体の過去問に挑戦し、自分の実力や課題などを把握する。

②出題内容

【一般教養問題】

　一般教養では、主要教科を中心に出題されています。そのほかに、一般常識や情報関係、環境問題、金融関係、国際関係、ノーベル賞受賞者など多様な時事的な内容も出題されています。

【教職教養問題】

　教職教養では、過去5年間分を分析して、教育法規、教育時事、特別支援教育、キャリア教育、学習指導要領関係などの領域で、どの領域が多く出題されているかを調べておくことが大切です。

③一般教養・教職教養の対策

　一般教養の対策としては、各教科・科目の総復習を始める際、高校で使用した教科書と大学入試などで使用した参考書を併用して活用することをお奨めします。資料や図版、地図などを基にした問題も出題されますので、高校の教科書や参考書、資料集、地図帳などの活用もお奨めします。

　教職教養の対策については、筆記試験の出題分野や出題比率は、自治体によって異なります。教育施策に関するローカル問題も出題されますので、志望する自治体をできるだけ早くしぼり、出題の特徴などを把握することが必要です。

　教育施策は教育委員会のホームページに掲載されていますので、ぜひ入手し、施策の全体を把握し、理解しておくことが面接や論作文への対応のためにも大切です。

文部科学省が発表する通知などの教育時事的なことや教育に関するデータなどは、面接や論作文への対応に必要ですから、これについても、ぜひ新聞記事等をファイルしていくことを奨めます。
　試験方法や出題分野は自治体によってかなり異なりますので、自分の志望する自治体の過去問に挑戦し、自分の現時点での実力を把握して、自分の課題を見つけ、計画的に取り組むことが大切です。

（２）専門教科試験
①対策のポイント

１　受験する自治体の５年間分の過去問題を分析して、出題傾向や出題パターンなどを捉えておく。
２　志願自治体の過去問に挑戦し、自分の実力と課題を知る。
３　志願自治体の問題と類似の問題に挑戦し、理解を深める。

②出題内容
　小学校の場合は全教科（一部の自治体は４教科）の知識、中学・高校の場合は受験する教科の専門知識が問われます。また、その中で、教科指導等の基準となる学習指導要領についての内容も問われます。

③専門教科の対策
　教師にとって、最も基盤となる資質・能力は、「教科」の指導力です。その力量を問われるのが「専門教科」の試験で、筆記試験の中で最も難易度が高く、配点も高くなっています。
　自治体によって、出題される領域や傾向がかなり異なるので、必ず過去の出題傾向を分析し、効率的に取り組むことが大切です。また、学習指導要領の内容についても、過去に出された内容を把握し、重点の置き所を考えながら取り組むことが大切です。

（3）論作文試験

①対策のポイント

> 1　論作文について、過去問から最近の全国的な内容を知る。
> 2　志願自治体の過去問を5年間分集め、出題傾向を知る。
> 3　論作文の基本的な望ましい様式や文章構成などを知る。
> 4　自分で課題を設定して、原稿用紙に書く練習を多くする。
> 5　「教職教養」の内容と関連させて、課題対応力を身に付ける。

②論作文のテーマ

論作文のテーマは、次の3つに大きく分けられます。
　　○　児童生徒に対する教育や指導に関する課題
　　○　近年の教育課題に関する課題
　　○　教育論や教師論に関する課題

各自治体は、ほぼ毎年いずれかのテーマを踏襲していますので、志願自治体の5年間分の過去問を集めてテーマの傾向を知ることが大切です。

〔過去のテーマの例〕

●学校の教育活動を進めるにあたっては、児童生徒に対して、基礎的・基本的な知識及び技能を確実に習得させ、これらを活用して課題を解決するために必要な思考力・判断力・表現力等の能力を育むことが求められています。あなたは、この能力を育むために、どのように教育活動に取り組みますか。具体的に述べなさい。

●子供たちの他人を思いやる気持ちを育むために、あなたが教師として取り組みたい内容を3つにまとめ、具体的に述べなさい。

③基本的な様式や文章構成

論作文の一定の基本的な様式や文章構成などを知ることが極めて大切です。そして、どのようなテーマであっても、書き方の基本を踏まえて皆さん自身の「私の経験」を基に、「私の具体的な取組」を書くことが大切です。

さらに大切なことは、論作文を読んで児童生徒に対する理解や愛情が感じられることです。そして、教師としての情熱や使命感が伝わるものでなければな

りません。

④論作文の対策

論作文を書く力を付けるには、まず自分でテーマを決めて、原稿用紙に丁寧に文字を書くことから始めてください。その際、必ず自分が教員であることを想定しながら、「序論・本論・結論」の構成や組立てに留意し、具体的な取組については「第1に、〜。第2に、〜。」などと読み手がわかりやすいように書いてください。

次の「表9-4」は、論述にあたっての要点をまとめたものです。

表9-4 論作文の構成

構成	内容	具体的な論述事項
序論	課題把握	○出題テーマへの正対 ・問題の背景（児童生徒の実態） ・課題（問題を解決するために重要と考えること）の指摘 ・課題解決に向けて、私がめざす教育の視点
本論	具体的方策	○課題を解決し、めざす教育を実現するための具体的な方策（2つ論述するのが望ましい。） ・［論］課題解決に向けての自分の考え ・［例］論をより説得力あるものにする自分の経験 ・［策］具体的な実践 ＊ 本文の前に［柱］（見出し）を書くとわかりやすくなる。 ＊ 2つの方策は、「学習指導」と「学級経営」など異なる視点にすると考えの幅が広がる。
結論	まとめ	○論述全体のまとめ及び教職への抱負、決意など ・キーワードを用いてのまとめ ・別の視点からの補説 ・教職への抱負、決意の表明

論作文はテーマが多岐にわたるため、論述するにあたっては、教育に関する一定の専門的な知識が必要です。したがって教職教養のなかの生徒指導や学習指導に関するものや教員として関係の深いものについては、十分に内容を理解して課題の解決力を付けることが、論作文への対応力の向上につながります。

最近は教育施策と関連させたテーマが出されていますので、志願自治体の教育施策を知ることも不可欠です。

論作文の内容を充実させるためには、大学時代の教育実習の体験などとどれだけ結びつけて論を展開できるかも重要であり、そのことによって文章に説得力が生まれてきます。

4 面接試験対策のポイント

受験者数名で行う面接試験には、集団討論試験、集団面接試験、グループワーク試験があります。また、受験者一人で行う面接試験には、模擬授業試験と個人面接試験があります。自分が志望する自治体では、どの面接試験が行われるかを事前に確認しておきましょう。では、それぞれの面接試験について詳しく説明をします。

(1) 集団討論試験

数名の面接官の前で、受験者5〜8人程度で、討論課題に沿って自由な形式で討論を行います。討論では、対立したり、相手を負かしたりするのではなく、皆で協力して時間内で結論を導くことが大切です。

攻略のポイントとしては、次のようなことが考えられます。
〇結論を先に述べたり、私の考えは2点ありますと述べたりして自分の主張を明確にすること。
〇発言者に向き合って聞き、うなずいたり、笑顔で応えたりすること。
〇1分間発言に心がけ、発言が長くならないように集団での協調性を保つこと。
〇討論の方向を示したり、話の内容をまとめたりする司会的な役割を率先して行うこと。
〇討論中はメモを取ることはできるだけ避け、話し合いに集中すること。
〇時間配分に気をつけて、指定された時間内で結論を導けるようにすること。

(2) 集団面接試験

面接官が受験者に対して同一の質問をしたり、個別の質問をしたりして答え

を求めます。そして応答できる受験者が挙手をして応えます。質問の冒頭で志望動機などの自己ＰＲを発言させることもあります。

攻略のポイントとしては、次のようなことに留意することが大切です。
○質問の意図を正しく捉え、１分間以内で簡潔に自分の考えを述べること。
○質問された面接官の目を見て応答すること。
○面接官や他の受験者の発言に向き合って聞き、うなずいたり、笑顔で応えたりすること。
○質問に対しては答えだけでなく、自分の体験や経験をまじえて述べること。

（３）グループワーク試験

受験生を数人グループに分け、課題に沿って共同で作業を行ったり、グループディスカッションを行ったりしてグループの結論を最後に発表します。面接官は受験者の発言内容や活動態度を観察して評価をします。

攻略のポイントは、次のようなことが考えられます。
○課題についての情報収集や情報発信を最適に行うこと。
○進行、記録、計時などの役割分担を行い、協力して活動をすること。
○リーダー力、決断力、提案力、整理力、分析力、アイディア力、気配り力、笑顔などのキーワードを大切にして、自分の良さを表出すること。
○どんな役割をして、どんな貢献をしたかが評価されることを心得ておくこと。

（４）模擬授業試験

授業課題にそって、児童生徒が目の前にいることを想定しながら、指定された時間内で授業を進めます。また、授業に入る前に、学習指導案や流れ案などの指導構想を作成する時間が設定されているのが通例です。

模擬授業の課題は、教科指導、場面指導、学級指導などの指導内容が自治体ごとに示されています。受験する自治体の授業課題が、どの内容から出題されているのかという傾向を事前に把握しておくことが大切です。

では、模擬授業を進める際に留意してほしいことを４点ほど挙げます。

1点目は導入の工夫についてです。

　模擬授業は、教師としての指導のセンスが評価されます。授業の導入では、写真や挿絵、グラフの提示、最近の学年行事の紹介、授業態度などを注意する授業規律、興味関心を引く最近の話題の提供など、ちょっとした発言の工夫や授業資料等の提示などを試みるのです。このことは授業に臨場感をもたせることができ、教師としての細やかな配慮なども演出できます。

　2点目は、授業時間についてです。

　時間は5分～15分と自治体によって様々ですが、時間内に指示された授業課題のねらいを達成させることが肝要です。ここまで授業を持続させることが大切で、時間前に授業が終了してしまうと減点の対象になります。また、決められた時間になると、面接官から「やめてください。」と言われ、授業途中であってもやめなければなりません。

　3点目は、場面設定についてです。

　あまり聞きなれない言葉だと思いますが、場面設定ができるのは模擬授業の特徴です。例えば6年生の指導で、「もうすぐ修学旅行」、「体育会が終わった」など学校行事を紹介しながら本時のねらいへと結び付ける場合、「学級目標」や「学級の約束」などと関連づける場の設定、指導の場を帰りの会や朝の会などと設定する場合などです。どのような条件下での6年生の授業なのかという臨場感を醸し出すために、自分で設定を行うのです。指導する学年の実態をよく理解しておかないと、設定は容易にできません。

　設定した内容は授業前に面接官に告げて始めることもありますが、ほとんどが授業を進める中で、さりげなく出すことが多いのです。

　最後に、子供役の面接官への対応についてです。

　授業者としては神経を使うところです。児童生徒役の面接官の発言やつぶやき等を無視してはいけません。

　「Aさん、よいところに気づきましたね。」などと褒めたり、認めたりすることが大切です。必ず細やかな対応に心がけることが肝要です。面接官が「先生の言っていることがわかりません。」などと突拍子もない発言を浴びせることもあります。こんな時は頭の中が真っ白になってしまいますが、「Aさん、ど

こがわからないの？」などと発言を受け止めることが大切です。いずれにしても面接官の児童生徒役への対応は、無視をしないで教師としてしっかりと向き合うことが肝要です。

次に、模擬授業試験の攻略のポイントについてです。
○児童生徒が目の前にいると想定して、前後左右を見渡しながら笑顔で授業を進めること。
○ハキハキとした大きな声で、教師としての熱意と気力が伝わるように心がけること。
○発声が一本調子にならないように、メリハリ、抑揚、間などを考えること。
○話し合いや書く活動を取り入れたり、写真やグラフなどの資料を活用したりして、子供が意欲的に活動できる場づくりを工夫すること。

（5）個人面接試験

複数の面接官が一人の受験者に対して、理想とする教師像、大学生活のこと、願書や面接カードに記入された内容、教育の動向や社会常識などの多方面から、教師としての適性を探るための質問を行う試験です。その際、質問に対する答えだけでなく、態度や表情などの人柄や人間性、教師としての適性が総合的に評価されます。したがって、個人面接は配点も高く、2次試験の合否を左右する重要な試験です。

では、個人面接試験で留意しなければならないポイントを紹介します。
○服装、あいさつなどの入退室の態度、聞く態度、話す態度など、礼儀正しい言動に気を付けること。
○結論を先に述べるなどした的確な応答、わかりやすい応答に心がけること。
○質問のキーワードと教育実習、ボランティア活動、部活動、サークル活動などの自らの体験事例とを結びつけて、熱意のこもった応答に心がけること。
○教師になってからの取組や決意など、自分の思いを熱く語ることに心がけること。
○気力のある声と笑顔などの豊かな表情で、面接官とのコミュニケーションをスムーズに進めること。

ここで、面接官に自分の考えをわかりやすく、しかも効果的に伝えるための秘訣を紹介します。

それは、「現在・過去・未来」発言という応答の仕方です。

○現在とは、面接官の質問に対して、自分が考える答えに自信をもって、簡潔に述べることです。

○過去とは、答えの理由や根拠を過去の経験や体験と関連づけて述べることです。

○未来とは、教師になって特に取り組みたいこと（教師としての決意）、残された大学生活で力を入れたいことのどちらかを力強く述べることです。

この現在と過去と未来の一連の内容を続けて述べるのが、「現在・過去・未来」発言です。この発言方法は、面接官に好感をもたせるための最善の方策といってよいでしょう。

例えば、面接官から「あなたは教師になったら、どんな学級をつくりたいですか？」と質問されたとします。この応答の仕方について、次の福岡教育大学4年女子学生の発言例をもとに考えてみましょう。

現在：私は、一人一人の子供がもっている良さを生かすことができる学級づくりをめざしたいです。

過去：大学1年生から4年生まで管弦楽団というサークル活動に所属していました。管弦楽団では形や音色の違う楽器の音が重なり合って、管弦楽としての魅力が引き出されます。私が担当しているヴァイオリンには繊細な音や流れるような強弱を奏でる良さがあり、トランペットには壮大な音を表現できる良さがあります。このように、それぞれの楽器には音の響きの違いに特徴があります。学級にもそれぞれ違う個性をもった子供たちがいます。

未来：私は、それぞれの子供がもつ良さや個性を大切にして、管弦楽が奏でる音楽のように、どの子も生き生きと活躍できる楽しい学級づくりをめざしていきたいと考えています。

このように、「質問の答え」を述べ、「自分の体験や経験」で答えを補強し、「これから私はどうするのか」という決意を続けて述べるのです。

　個人面接では、質問の答えは多様にあり、正答がない場合が多いのです。したがって、面接官は答えだけで優劣を付けにくいわけです。前述の質問に、読者の皆さんなら、どう答えますか。面接官は答えだけを求めているのではなく、そのあとに続く理由や教師になってからのことが知りたいのです。

　「現在・過去・未来」発言の仕方について理解できたら、次はこのような応答ができるようになるための準備について話を進めましょう。

　「人の過去は変えることができないが、未来は変えることができる。」という言葉があるように、過去の経験や体験を聞けば、その人物の生き様が理解できるといわれています。過去の体験や経験には、その人ならではの貴重な思いが宿っているからです。ポイントは自分の過去体験をどのように生かしてきたかということなのです。

　「過去」についての発言は、自分の過去の体験やそこから生まれた考え、思いなどを質問のキーワードと関連させながら面接官に伝えることができる発言です。したがって、自分だけしかできないＰＲを面接官に直接伝えることができ、自分を印象づけるチャンスなのです。少しくどくなりましたが、自分の過去の体験を次のように整理しておくと役立つので準備をしておきましょう。

　これも、福岡教育大学の４年女子学生がまとめた事例です。

体験例	体験の内容や学んだこと、苦労したこと、感じたことなどを具体的に
３年生での教育実習	・授業中の笑顔やハキハキした発言について指導教員から褒められた。 ・物語文の授業場面で、自作の紙芝居を使ったことが子どもに好評だった。 ・子どもの発言に対して、即座に対応することの難しさを感じた。 ・子どものほめ方や指示の仕方など、声かけの大切さを多く学んだ。 ・教材研究の質や量で、子どもの食いつきが違うと強く感じた。

　このように過去体験のまとめをしておくと、教育実習に関する質問をされたときだけでなく、他の質問のときでも多様に活用できるのです。

これ以外にも過去の体験としては、部活動、ボランティア活動、サークル活動、国際交流活動、海外留学、学祭等のスタッフ活動、アルバイト、小・中・高校時代の恩師との体験や、大学時代の恩師からの学びなどが挙げられることでしょう。これらの中から、自分を最も表出できる過去体験を2、3整理しておきましょう。

それでは、個人面接でのポピュラーな質問例を挙げますので、友達と「現在・過去・未来」発言を活用して練習をしてください。

質問：あなたは、どのような教師をめざしたいと思っていますか？
応答：（現在）答えを簡潔に述べる。
　　　（過去）過去の体験で答えを補強する。
　　　（未来）教師になって、努力したり、行動したりしようと考えていることを述べる。

わかりやすく伝え、しかも自己PRができる「現在・過去・未来」発言に心がけてほしいと思います。

⑤ 教員採用試験のための講座

教員をめざすためには、大学で学んだことを教員採用試験に最大限に生かす対策が必要です。試験対策は長期間となるため、個人での対策だけでは長続きさせることが難しいのです。各種の教員採用試験のための対策講座や教員採用に関する全国模擬試験などに参加して、自分の力を蓄えたり、試したりしていくことをお奨めします。

（1）教員採用試験のための「特別講座」

福岡教育大学では、「教員採用試験のための特別講座」が多数開設されていますので紹介をします。

本講座は、1・2年生の講座で16コマ、3年生の講座で61コマ、4年生の講

座で60コマの講座が毎年実施されています。それぞれの学年の講座内容は異なります。1・2年生は、受験地と校種を決定するための対策講座です。3年生は、1次試験で行われる筆記試験対策が主な内容です。4年生では、願書の書き方などの直前対策と各種の面接試験対策です。

　本章155ページの（4）でも述べたように、教員採用試験の対策では、対策内容と対策時期が重要となるため、4年生からでの取組では遅く、手遅れです。むしろ1・2年生の対策を終えて3年生での対策を、3年生の対策を終えてから4年生での対策、というように積み上げをしていくことで効果が発揮できるのです。

（2）特別講座受講の効果

　ここで、注目していただきたいデータがありますので、ご覧ください。

　それは、次の「図9-4」のグラフで、「平成28年度の4年生の特別講座の受講率と合格率との相関」についてです。

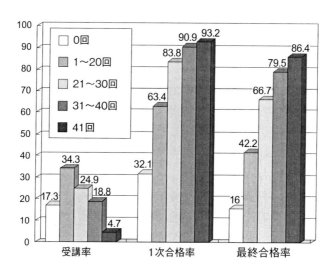

図9-4　平成28年度の4年生の特別講座の受講率と合格率との相関

受講率とは、平成29年度教員採用試験の受験者が4年生での特別講座を何回受講したかという受講回数別の割合を示しています。受講回数が多くなるほど、受講率が低くなっていることがわかります。受講できない理由は多々あると思いますが、受講回数が0回の受験生が17.3％もいるのは、教員養成を謳う大学としてとても残念なことです。

　また、このグラフからは、特別講座を受講した回数と合格率とは深く関係していることが読み取れます。1次試験では、受講回数が41回以上の合格率は93.2％、0回の合格率は32.1％で、合格率に大きな差があります。2次試験では、受講回数が41回以上の合格率が86.4％であるのに対して、受講回数が0回の合格率は16.0％と格段の差があります。特別講座の受講回数が多ければ多いほど、合格率は確実に高くなっているのです。

　現役での合格を勝ち取るためには、特別講座を受講するか否かが、合否に大きく影響をしています。教員採用試験は、多くの試験内容と長期にわたる対策が求められ、試験勉強を一人で進めることは難しいものです。大学で開設されている教員採用試験に関する講座に参加して、教師を志す仲間とともに励まし合いながら力を付けることをお奨めします。

　本章では、教員採用試験に向かうための準備と対策の仕方について、詳しく説明してきました。このことを参考にして自分なりの勉強法を確立し、自信をもって教員採用試験に挑戦してください。みなさんが教員採用試験に合格し、すばらしい教員になられることを祈っています。

●コラム17　教員採用試験は、団体戦

　教員採用試験対策は長期間にわたるので、個人のモチベーションを保って取り組むことはなかなか難しいものです。その点、福岡教育大学には教師をめざす仲間が大勢いるので恵まれています。教員採用試験は団体戦ともいわれています。採用試験では、友達はよきライバルであり、強い味方でもあるのです。教員採用試験に挑戦してきた教育大の先輩たちは、共に戦ってきた仲間のよさを次のように述べています。

○グループを作り、分担して過去問分析をしたことは効率的な対策ができ、筆記試験では大いに役立ちました。仲間がいたからこそ、最後まで頑張ることができました。（平成28年度卒業　初等教育教員養成課程男子学生）
○グループでの面接試験の練習は、友達の応答の仕方や模擬授業の進め方など、自分にないものを多く学ぶことができました。自分が合格できたのも、友達のおかげだと思っています。（平成28年度卒業　中等教育教員養成課程男子学生）
○同じ4年生で、同じ目的をもった仲間の存在は、お互いに励まし合ったり、苦しい時の支えになったりして、共に頑張ろうという意欲が湧き、心強かったです。（平成28年度卒業　中等教育教員養成課程女子学生）
○福岡教育大学は教員採用試験に挑戦していく仲間が大勢いて、恵まれています。私も仲間がいたからこそ最後まであきらめずに頑張ることができました。合格したときは、共に喜び合いました。（平成28年度卒業　初等教育教員養成課程女子学生）
○教員採用試験には合格できませんでしたが、合格した友達から多くの励ましの言葉をいただきました。「来年は合格するぞ！」という気持ちが湧いてきました。友の大切さを感じました。（平成28年度卒業　中等教育教員養成課程男子学生）

●コラム18　この夏さえ過ぎれば

　平成20年当時の福岡教育大学の教員採用試験状況は、受験者が469名で、合格者は98名でした。合格率は21.0％で、受験者の5人に1人しか合格できなかったのです。当時の学生にとっては、正規の教師になることが非常に厳しい状況でした。それでも、教師をめざして、がんばる学生も多くいましたが、教師になることを諦める学生や他の仕事に就く学生もいました。この厳しい状況の中で、教員

第Ⅱ部　教師をめざすために

採用試験をめざして、がんばっている学生を応援するために創った歌が「この夏さえ過ぎれば」です。当時は、教員採用試験のための特別講座が始まる前に、この曲を流し、学生の奮起を促したのです。先輩たちが口ずさんでいた「この夏さえ過ぎれば」の歌詞と楽譜を紹介しますので、先輩たちに負けないように、最後まで諦めずにがんばってほしいと思います。

第10章
教員生活に関わる法規や制度の仕組み
～教員をめざして大学での学びを開始するにあたって～

1 大学において教育法規を学ぶ理由と意義

　法学部に入学したのではないのになぜ法律を学ばないといけないのか、毎日の学校教育や教員としての生活において法律がそんなに関わるのか、などと思われる学生の方もおられるかもしれません。
　大学の教職課程では、様々な学校教育に関わる法規や制度（本章では「教育法規」といいます。）、それらについての立法、創設等の背景や経緯、課題等について学びます。また、各都道府県等の教員採用選考試験では必ずといっていいほど教育法規領域からの出題があります。
　これは、公教育としての学校教育は、教育法規を基にして教育活動、教職員の配置、予算の措置等が行われており、このような教育法規を理解し、それらに沿った教育活動を行えることが、公教育としての学校教育の主な担い手である教員には必須であると考えられているからです。
　同じ「先生」と呼ばれる人でも、弁護士のように日常の活動の中で法律知識を駆使することはありませんが、実際の学校教育活動では、教育法規を一定程度理解していることが必要な場面がいろいろとでてきます。特に、今日の学校

教育や教員の職務は、多様化・複雑化するとともに、児童生徒、その保護者、地域関係者等から様々な期待や要望を寄せられており、前例がなかったり、想像していなかったりするような事案について、「筋の通った対応」の選択と判断のための最終的な拠り所として教育法規が重要になると考えられます。

全国的に教員等の教育関係者が学校教育を円滑に推進するために様々な法律等が設けられていますが、その全体を俯瞰してみると下記のようなものが挙げられます。大学の授業では、これらのうち、教員として必要不可欠なものが取り扱われますので、最低限、それらは確実に修得されるよう努めてください。

【学校教育に関わる主な法律】
日本国憲法
―教育基本法
―学校教育に関するもの
　学校教育法、私立学校法、学校図書館法、理科教育振興法、産業教育振興法、へき地教育振興法　等
―学校基準、教職員配置、給与、学校施設に関するもの
　小学校設置基準、中学校設置基準、公立義務教育諸学校の学級編制及び教職員定数の標準に関する法律、義務教育費国庫負担法、市町村立学校職員給与負担法、義務教育諸学校等の施設費の国庫負担等に関する法律　等
―教科書に関するもの
　義務教育諸学校の教科用図書の無償に関する法律、義務教育諸学校の教科用図書の無償措置に関する法律　等
―学校安全、健康教育、食育・学校給食に関するもの
　学校教育法、学校保健安全法、食育基本法、学校給食法　等
―「いじめ」に関するもの
　いじめ防止対策推進法
―特別支援教育に関するもの
　学校教育法、障害者基本法、発達障害者支援法、特別支援学校への就学奨励に関する法律　等
―教職員の身分、服務、研修等に関するもの

地方公務員法、教育公務員特例法、地方公務員の育児休業等に関する法律、労働基準法、労働組合法　等
―教員免許に関するもの
　教育職員免許法、小学校及び中学校の教諭の普通免許状授与に係る教育職員免許法の特例等に関する法律　等
―教育行政に関するもの
　地方教育行政の組織及び運営に関する法律、地方自治法　等
―学校と地域の連携に関するもの
　社会教育法
―児童福祉に関するもの
　児童福祉法、児童虐待の防止等に関する法律、子どもの貧困対策の推進に関する法律　等
―学校事故等に関するもの
　国家賠償法　等
―各分野の教育の推進の中で学校教育が関わるもの
　人権教育及び人権啓発の推進に関する法律、環境教育等による環境保全の取組の促進に関する法律、消費者教育の推進に関する法律　等
―その他
　国旗及び国歌に関する法律、著作権法　等

② 教員をめざすうえで理解しておきたい教員免許制度

　本書では、教員としての様々な日常の業務、教育活動を紹介してきました。これらのほとんどのものについては、前述の1に掲げた法律等に根拠をおいて、または支えられて行われています。では、具体的にどのように関わっているのか。まず、教員として必須の教員免許制度についてみてみましょう。

（1）教員免許制度について
　我が国では、小学校等において教員として勤務するためには、小学校教員で

あれば小学校教員免許状、中学校教員であれば中学校教員免許状、特別支援学校小学部の教員であれば小学校教員免許状と特別支援学校教員免許状などと、各学校種・教科に応じた教員免許状が必要となります（大学や高等専門学校の教員には教員免許状が必須とはされていません）。教員免許状を持っていない又は失効しているにも関わらず学校で「教員」として勤務していたことが時折報道されますが、このような場合は、自分だけでなく、学校や子供たちにも重大な影響を与えることとなります。

　このような教員免許制度は、教育職員免許法に規定されています。教育学部に入学し、教職課程を受講される学生の皆さんの大半は、小学校、中学校、高等学校、特別支援学校等のいずれかの教員として勤務することをめざして教員免許状を取得したいと考えていることでしょう。

　同じ教員でも、学校種や担当教科によって求められる資質・能力は異なります。例えば、小学校教員であれば必要なのは小学校教員免許状であり、学級担任として成長著しい時期の児童に対して全教科等を指導することが基本となる小学校教員に向けて身に付けることが必要な知識・技能と中学校や高等学校で指導をするために身に付けることが必要な知識・技能とは異なるものがあります。

　大学生活開始にあたっては、自分はどの学校種の教員になりたいのかを考え、そのために取得が必要な教員免許は何かを理解しておくことが重要です。大学在学中に必要な授業科目・単位を取得すれば複数の教員免許状を取得することも可能です。このため、とにかく教員免許状を多く持ちたい、そのために卒業要件単位数を大幅に超える授業科目・単位を修得する学生も時折見受けられますが、教員免許状を多く持っていれば教員としての業務がより有意義になるとは限らないことに注意が必要です。限られた学生生活での時間を幅広い視野や知見が得られる授業科目の履修、課外活動、ボランティア活動、アルバイト等で活用した方が小学校教員としての力量形成には有意義になることも考えられます。

　一方、教員としての就職をめざす都道府県・市の教員採用選考試験によっては、他校種の免許状又は中学校の複数の教科の教員免許状を持っていること等

の場合に試験の成績に加点等がされることもあります。
　このようなことから、教員をめざしての入学時点で、自分のめざす教職生活を考えつつ、教員免許制度の概要を大学生活や自分の将来に関わる事柄として早めに理解し、取得をめざす教員免許状やそのために履修が必要な授業科目を適切に選択していくことが有意義と考えられます。

（2）教員免許制度の基本的事項

　教育職員免許法は膨大で複雑な規定となっているため、法令全体を読んで理解することは大変なものであり（教育法規の中でも難解なものの一つ）、概要資料等で基本的な事柄を理解することがよいと思われます。教員免許制度の基本的事項として、下記のようなものが挙げられます。

○小学校等の学校種、教諭等の職、担当教科等に応じて教員免許状を持つことが必要です。これを「相当免許状主義」といいます。

○大学の教職課程で必要な単位を取得し、大学を卒業した場合には、申請により各都道府県教育委員会から教員免許状のうちの普通免許状が授与されます。（多くの大学では、大学から一括して教育委員会に申請します。）

○普通免許状には、様々な学修を積んだ者が教員として活躍できるよう、所定の単位に加えて、大学院を修了（修士の学位を取得）した場合の専修免許状、大学を卒業（学士の学位を取得）した場合の一種免許状、短大を卒業（短期大学士の学位を取得）した場合の二種免許状に分かれています（高等学校教員免許状には二種免許状はありません）。これらの免許状の違いをもって教員採用選考試験における受験資格や学校での教諭としての職務に差が生じることはありません。

　なお、現職教員として、専修免許状（一種免許状を持っている者の場合）又は一種免許状（二種免許状を持っている者の場合）、他校種又は他教科の免許状を取得しようとする場合は、現職教員としての勤務経験が評価されて、大学在学中にそれらを取得する場合よりも必要な単位数が軽減される仕組みが設けられています。

○他の免許・資格にはあまりない仕組みとして、教員免許更新制が設けられて

おり、学生の皆さんが新たに取得する教員免許状には有効期間が記載されています。すなわち所要資格を得てから10年後の年度末までとされています。例えば、平成31年3月31日に所要資格を得た後に授与される免許状は平成41年3月31日まで有効となります。通常は、有効期間の満了日までの2年間のうちに30時間以上の免許状更新講習を大学等で受講、修了し、教育委員会に申請することにより、新たに10年後まで有効期間を更新できます。うっかり免許状更新講習を受講していなかったり、教育委員会に申請していなくて更新しなかったような場合には、免許状が失効し、公立学校の教員の場合には失職となりますので注意が必要です（運転免許の失効の場合よりも重大な事態になることがあります）。

③ 教職としての一日の業務に関わる教育法規の例

教員として採用され、各学校に配置されると、新任教員でも学級担任、各教科の担任として他の教員と同様に教育活動に参画することとなりますが、毎日の教育活動のほとんどのものは下記のように教育法規に基づいて行われています。

（1）公立学校の教員として採用された日から始まる初任者研修

教員は、教育基本法、教育公務員特例法により、学び続ける教員として絶えず研究と修養に励むことが求められるとともに、様々な研修の制度が設けられています。その第一歩として、通常の公立小学校等の教員の採用は、県庁や市役所等の地方公務員とは異なり、教育公務員特例法に基づいて1年間の条件附採用となるとともに、採用の日から1年間の初任者研修を受けることとなります。

このように初任者研修を法律にまで規定して行っているのは、新任教員の時期は教員としての資質・能力の基礎を培ううえで極めて重要な時期であることから、昭和63年に実践的指導力と使命感を養うとともに幅広い知見を得させることを目的として関係法律の改正、制度創設が行われたものです。本研修は

実践的な研修として、学級、教科を担当しながら指導教員を中心とする指導・助言による研修及び校外の教育センター等における研修を受けるものです。

【関係法令】

●教育基本法

第9条　法律に定める学校の教員は、自己の崇高な使命を深く自覚し、絶えず研究と修養に励み、その職責の遂行に務めなければならない。

2　前項の教員については、その使命と職責の重要性にかんがみ、その身分は尊重され、待遇の適正が期せられるとともに、養成と研修の充実が図られなければならない。

●地方公務員法

第22条　臨時的任用又は非常勤職員の任用の場合を除き、職員の採用は、全て条件付のものとし、その職員がその職において六月を勤務し、その間その職務を良好な成績で遂行したときに正式採用になるものとする。この場合において、人事委員会等は、条件付採用の期間を一年に至るまで延長することができる。

●教育公務員特例法

第12条　公立の小学校、中学校、義務教育学校、高等学校、中等教育学校、特別支援学校、幼稚園及び幼保連携型認定こども園（以下「小学校等」という。）の教諭、助教諭、保育教諭、助保育教諭及び講師（以下「教諭等」という。）に係る地方公務員法第22条第1項に規定する採用については、同項中「六月」とあるのは「一年」として同項の規定を適用する。

第23条　公立の小学校等の教諭等の任命権者は、当該教諭等（臨時的に任用された者その他の政令で定める者を除く。）に対して、その採用（現に教諭等の職以外の職に任命されている者を教諭等の職に任命する場合を含む。附則第5条第1項において同じ。）の日から一年間の教諭又は保育教諭の職務の遂行に必要な事項に関する実践的な研修（以下「初任者研修」という。）を実施しなければならない。

2　任命権者は、初任者研修を受ける者（次項において「初任者」という。）の所属する学校の副校長、教頭、主幹教諭（養護又は栄養の指導及び管理を

つかさどる主幹教諭を除く。)、指導教諭、教諭、主幹保育教諭、指導保育教諭、保育教諭又は講師のうちから、指導教員を命じるものとする。
3 　指導教員は、初任者に対して教諭又は保育教諭の職務の遂行に必要な事項について指導及び助言を行うものとする。

（２）学校で勤務する教職員とその職務

　教員として採用され、着任した学校には、学校教育法等に基づいて、様々な職種の者が、さらに公立学校の場合は一定の人数が配置されており、上司からは命を受け、同僚の教職員とは連携、協働して教育活動を行うことが求められます。「教諭」として採用された場合には、学校教育法に規定される「教育をつかさどる」者として、各教科等の指導、生徒指導、学級経営、学校内の様々な校務分掌等にあたることになります。養護教諭や栄養教諭にも「教諭」がそれぞれの名称に含まれていますが、「教諭」と同じような職務を行うことはできません。また、「講師」は「教諭」ではないですが、一部を除いて「教諭」と同じ職務を行うことができます。

　学校内にはどのような職種の方が勤務されているか、それぞれの職務内容はどのようなものかを理解し、それを踏まえて連携、協働していくことが必要となります。

【関係法令】
●学校教育法
第37条　小学校には、校長、教頭、教諭、養護教諭及び事務職員を置かなければならない。
② 　小学校には、前項に規定するもののほか、副校長、主幹教諭、指導教諭、栄養教諭その他必要な職員を置くことができる。
③ 　（略）
④ 　校長は、校務をつかさどり、所属職員を監督する。
⑤ 　副校長は、校長を助け、命を受けて校務をつかさどる。
⑥ 　（略）
⑦ 　教頭は、校長（副校長を置く小学校にあつては、校長及び副校長）を助

け、校務を整理し、及び必要に応じ児童の教育をつかさどる。
⑧ （略）
⑨ 主幹教諭は、校長（副校長を置く小学校にあつては、校長及び副校長）及び教頭を助け、命を受けて校務の一部を整理し、並びに児童の教育をつかさどる。
⑩ 指導教諭は、児童の教育をつかさどり、並びに教諭その他の職員に対して、教育指導の改善及び充実のために必要な指導及び助言を行う。
⑪ 教諭は、児童の教育をつかさどる。
⑫ 養護教諭は、児童の養護をつかさどる。
⑬ 栄養教諭は、児童の栄養の指導及び管理をつかさどる。
⑭ 事務職員は、事務をつかさどる。
⑮ 助教諭は、教諭の職務を助ける。
⑯ 講師は、教諭又は助教諭に準ずる職務に従事する。
⑰～⑲ （略）

（3）朝、授業が始まる前に、児童が安全に学校に登校（下校）できるように行われる見守り活動

　これまで全国各地で登下校中に子供たちが不審者により危害が加えられたり、車が突っ込んできて死傷したりする痛ましい事件が発生しており、登下校時に教員や保護者等により通学路の見守り活動に取り組んでいる学校もあります。通学路を含めた地域社会における治安を確保する一般的な責務は当該地域を管轄する地方公共団体が有するものですが、学校保健安全法により、学校では、児童生徒等に対する通学を含めた学校生活その他の日常生活における安全に関する指導等について計画を策定し、児童生徒等に対する通学路における安全指導を行うこととするとともに、警察やボランティア団体等地域の関係機関・関係団体等との連携に努めることとされています。
　このため、保護者、地域住民、関係機関等の協力を得ながら、通学・通園時の児童生徒等の安全が確保されるよう、定期的な点検が行われてきており、通学・通園中の交通事故や犯罪被害を防止するための安全点検や見守り活動、交

通安全教室の開催、避難訓練の実施、通学路の危険箇所を示したマップの作成などが行われています。また、学校安全に関する取組がすべての教職員の連携協力により学校全体として行われることが必要であることから、必要に応じて警察等の関係機関との連携を図りながら、学校安全に関する教職員の研修が行われています。

【関係法令】
●学校保健安全法
第27条　学校においては、児童生徒等の安全の確保を図るため、当該学校の施設及び設備の安全点検、児童生徒等に対する通学を含めた学校生活その他の日常生活における安全に関する指導、職員の研修その他学校における安全に関する事項について計画を策定し、これを実施しなければならない。
第30条　学校においては、児童生徒等の安全の確保を図るため、児童生徒等の保護者との連携を図るとともに、当該学校が所在する地域の実情に応じて、当該地域を管轄する警察署その他の関係機関、地域の安全を確保するための活動を行う団体その他の関係団体、当該地域の住民その他の関係者との連携を図るよう努めるものとする。

（4）各教科等の授業

　大学では、基本的に授業を担当する各教員が日頃の研究活動の成果等に基づいて教授しますが、小学校等の教育活動については、学校教育法において目的、目標、修業年限、学校教育法施行規則において各教科等やそれらの授業時数、小学校等の学習指導要領において各学校が編成する教育課程の基準として各教科等の目標、教育内容等が定められています。また、各学校に配置される教員数についても法令に基づいて算出、配置されています。このため、特定の教科だけ教えたい、自分の教えたい内容を教えたいということはできません。各学習指導要領や学習指導要領解説を十分に読み、各教科等の目標や内容を理解し、指導方法を工夫しながら日々の授業に取り組むことが必要となります。

【関係法令】
●学校教育法
第29条　小学校は、心身の発達に応じて、義務教育として行われる普通教育のうち基礎的なものを施すことを目的とする。
第30条　小学校における教育は、前条に規定する目的を実現するために必要な程度において第21条各号に掲げる目標を達成するよう行われるものとする。
②　前項の場合においては、生涯にわたり学習する基盤が培われるよう、基礎的な知識及び技能を習得させるとともに、これらを活用して課題を解決するために必要な思考力、判断力、表現力その他の能力をはぐくみ、主体的に学習に取り組む態度を養うことに、特に意を用いなければならない。
第31条　小学校においては、前条第1項の規定による目標の達成に資するよう、教育指導を行うに当たり、児童の体験的な学習活動、特にボランティア活動など社会奉仕体験活動、自然体験活動その他の体験活動の充実に努めるものとする。この場合において、社会教育関係団体その他の関係団体及び関係機関との連携に十分配慮しなければならない。
第32条　小学校の修業年限は、6年とする。
第33条　小学校の教育課程に関する事項は、第29条及び第30条の規定に従い、文部科学大臣が定める。
●学校教育法施行規則
第50条　小学校の教育課程は、国語、社会、算数、理科、生活、音楽、図画工作、家庭及び体育の各教科（以下この節において「各教科」という。）、道徳、外国語活動、総合的な学習の時間並びに特別活動によつて編成するものとする。
2　（略）
第51条　小学校（第52条の2第2項に規定する中学校連携型小学校及び第79条の9第2項に規定する中学校併設型小学校を除く。）の各学年における各教科、道徳、外国語活動、総合的な学習の時間及び特別活動のそれぞれの授業時数並びに各学年におけるこれらの総授業時数は、別表第一に定める授業

時数を標準とする。

第52条　小学校の教育課程については、この節に定めるもののほか、教育課程の基準として文部科学大臣が別に公示する小学校学習指導要領によるものとする。

（5）各授業で用いる教科書

　小学校等に入学する新1年生には、「義務教育教科書無償給与制度の意義」を裏面に印刷した紙袋に入れられた教科書が渡されます。

　義務教育諸学校（小学校、中学校、義務教育学校、中等教育学校の前期課程並びに特別支援学校の小学部及び中学部）の全児童生徒が使用する全教科の教科書については、昭和38年度から「義務教育諸学校の教科用図書の無償に関する法律」及び「義務教育諸学校の教科用図書の無償措置に関する法律」により無償で給与される制度が設けられています。これは、憲法第26条に掲げる義務教育無償の精神をより広く実現するものとして、次代を担う児童生徒の国民的自覚を深め、我が国の繁栄と福祉に貢献してほしいという国民全体の願いをこめて、その負担により行われているものであり、同時に教育費の保護者負担を軽減するという効果をもっています。

　教科書は、各学習指導要領に示された教科・科目等に応じて作成されており、教育の機会均等を実質的に保障し、全国的な教育水準の維持向上を図るため、学校教育法により小学校等においては教科書を使用することが義務付けられています。また、教科書の発行に関する臨時措置法により各教科の授業での主たる教材として位置づけられ、各学校においては、教科書を中心に、教員の創意工夫により適切な教材を活用しながら指導が進められています。

　なお、我が国で教科書検定制度が採用されている趣旨は、教科書の著作・編集を民間の発行者に委ねることにより、著作者・編集者の創意工夫が教科書に生かされることを期待するとともに、文部科学大臣が検定を行うことにより、客観的かつ公正であって、適切な教育的配慮がなされた教科書を確保することにあります。

【関係法令】
●学校教育法
第34条　小学校においては、文部科学大臣の検定を経た教科用図書又は文部科学省が著作の名義を有する教科用図書を使用しなければならない
●教科書の発行に関する臨時措置法
第2条　この法律において「教科書」とは、小学校、中学校、義務教育学校、高等学校、中等教育学校及びこれらに準ずる学校において、教育課程の構成に応じて組織排列された教科の主たる教材として、教授の用に供せられる児童又は生徒用図書であつて、文部科学大臣の検定を経たもの又は文部科学省が著作の名義を有するものをいう。
●義務教育諸学校の教科用図書の無償に関する法律
第1条　義務教育諸学校の教科用図書は、無償とする。
2　前項に規定する措置に関し必要な事項は、別に法律で定める。
●義務教育諸学校の教科用図書の無償措置に関する法律
第3条　国は、毎年度、義務教育諸学校の児童及び生徒が各学年の課程において使用する教科用図書で第13条、第14条及び第16条の規定により採択されたものを購入し、義務教育諸学校の設置者に無償で給付するものとする。
第5条　義務教育諸学校の設置者は、第3条の規定により国から無償で給付された教科用図書を、それぞれ当該学校の校長を通じて児童又は生徒に給与するものとする。

（6）多くの児童生徒が楽しみとしている給食の時間

　全国で学校給食を実施している学校は（給食内容がミルク及びおかず、ミルクのみ給食も含む）、小学校で20,146校（全体の99.1％）、中学校で9,184校（88.1％）、特別支援学校で994校（89.5％）となっています。（平成27年5月現在　文部科学省学校給食等実施状況調査より）

　学校給食は特別活動の「学級活動」に位置づけられており、食に関する正しい知識と望ましい食習慣を身に付ける重要な学校教育活動の一つです（会社等での昼食時間とは異なります）。

このような学校給食の目標や実施については、学校給食法が根拠となっています。また、学習指導要領の総則では、学校における食育の推進が位置づけられており、学校内の栄養教諭又は学校栄養職員と協力しつつ、給食の時間、各教科や特別活動、総合的な学習の時間等において学校給食を教材として活用して計画的、継続的に食に関する指導を行っていくことが求められます。

【関係法令】
●学校給食法
第2条　学校給食を実施するに当たつては、義務教育諸学校における教育の目的を実現するために、次に掲げる目標が達成されるよう努めなければならない。
一　適切な栄養の摂取による健康の保持増進を図ること。
二　日常生活における食事について正しい理解を深め、健全な食生活を営むことができる判断力を培い、及び望ましい食習慣を養うこと。
三　学校生活を豊かにし、明るい社交性及び協同の精神を養うこと。
四　食生活が自然の恩恵の上に成り立つものであることについての理解を深め、生命及び自然を尊重する精神並びに環境の保全に寄与する態度を養うこと。
五　食生活が食にかかわる人々の様々な活動に支えられていることについての理解を深め、勤労を重んずる態度を養うこと。
六　我が国や各地域の優れた伝統的な食文化についての理解を深めること。
七　食料の生産、流通及び消費について、正しい理解に導くこと。

（7）教育活動中に発生した事故への対応

　多数の児童生徒を同時に指導する学校の教育活動においては、例えば、体育での水泳指導、理科の観察・実験における器具や薬品の取り扱いの指導、野外での体験活動、課外活動である部活動等など、事故発生の危険性もあります。このように学校教育活動中の過失等により発生した事故によって児童生徒が死傷した場合、被害者又はその保護者から損害の賠償を求められることがあります。

一般的に過失等によって違法に他人に損害を与えた場合は民法による損害賠償責任が課されますが、公務員である公立学校の教員による学校教育活動中の事故の場合は、国家賠償法により被害者等が地方公共団体に損害賠償を請求するのが通例とされています。

なお、独立行政法人日本スポーツ振興センターによる災害共済給付制度が設けられており、授業等での事故により怪我等をした場合には、被害者等に医療費、障害見舞金等が給付されています。

【関係法令】
●国家賠償法
第1条　国又は公共団体の公権力の行使に当る公務員が、その職務を行うについて、故意又は過失によつて違法に他人に損害を加えたときは、国又は公共団体が、これを賠償する責に任ずる。
②　前項の場合において、公務員に故意又は重大な過失があつたときは、国又は公共団体は、その公務員に対して求償権を有する。
第2条　道路、河川その他の公の営造物の設置又は管理に瑕疵があつたために他人に損害を生じたときは、国又は公共団体は、これを賠償する責に任ずる。
②　前項の場合において、他に損害の原因について責に任ずべき者があるときは、国又は公共団体は、これに対して求償権を有する。

（8）放課後に開かれる職員会議

多くの学校で開かれている職員会議は、校長を中心に職員が一致協力して学校の教育活動を展開するため、学校運営に関する校長の方針や様々な教育課題への対応方策についての共通理解を深めるとともに、幼児児童生徒の状況等について担当する学年・学級・教科を超えて情報交換などが行われます。

この職員会議は、学校教育法施行規則を根拠とするもので、学校教育法において「校長は、校務をつかさどり、所属職員を監督する」と規定されている学校の管理運営に関する校長の権限と責任を前提として、校長の職務の円滑な執行を補助するものとして位置づけられているとともに、会議は校長が主宰する

ものであり、校長には、職員会議について必要な一切の処置をとる権限があり、校長自らが職員会議を管理し運営することとされています。

【関係法令】
●学校教育法施行規則
第48条　小学校には、設置者の定めるところにより、校長の職務の円滑な執行に資するため、職員会議を置くことができる。
2　職員会議は、校長が主宰する。

（9）教育委員会の指導主事による学校訪問、研究授業への講評

前述の通り、教育基本法、教育公務員特例法により、教員には絶えず研究と修養に励むことが求められています。このような背景から、我が国の学校では、授業研究が積極的に行われており、研究授業やその後の検討会において、校内の教職員はもとより学校外からも教育委員会の指導主事等が参加して意見を述べたり、講評を行ったりします。

指導主事は、地方教育行政の組織及び運営に関する法律により、学校教育に関する専門的事項の指導に関する事務に従事する専門的職員として教育委員会事務局に配置されており、通常、教科等の教育に関して指導的役割を果たすことができるベテランの教員が充てられています。都道府県や市町村の教育委員会は所管の学校の管理機関として、あるいは都道府県教育委員会は市町村教育委員会に対して指導、助言、援助を行う機関として学校の教育課程等に関して管理し、あるいは指導・助言を与える権限を持つことから、指導主事が計画的にあるいは必要に応じて学校を訪問し、教育課程や学習指導等について指導・助言が行われています。

【関係法令】
●地方教育行政の組織及び運営に関する法律
第18条　都道府県に置かれる教育委員会（以下「都道府県委員会」という。）の事務局に、指導主事、事務職員及び技術職員を置くほか、所要の職員を置く。
2　市町村に置かれる教育委員会（以下「市町村委員会」という。）の事務局

に、前項の規定に準じて指導主事その他の職員を置く。

3　指導主事は、上司の命を受け、学校（学校教育法（昭和22年法律第26号）第1条に規定する学校及び就学前の子どもに関する教育、保育等の総合的な提供の推進に関する法律（平成18年法律第77号）第2条第7項に規定する幼保連携型認定こども園（以下「幼保連携型認定こども園」という。）をいう。以下同じ。）における教育課程、学習指導その他学校教育に関する専門的事項の指導に関する事務に従事する。

4　指導主事は、教育に関し識見を有し、かつ、学校における教育課程、学習指導その他学校教育に関する専門的事項について教養と経験がある者でなければならない。指導主事は、大学以外の公立学校（地方公共団体が設置する学校をいう。以下同じ。）の教員（教育公務員特例法（昭和24年法律第1号）第2条第2項に規定する教員をいう。以下同じ。）をもって充てることができる。

第21条　教育委員会は、当該地方公共団体が処理する教育に関する事務で、次に掲げるものを管理し、及び執行する。

一　教育委員会の所管に属する第30条に規定する学校その他の教育機関（以下「学校その他の教育機関」という。）の設置、管理及び廃止に関すること。

（二〜四　略）

五　教育委員会の所管に属する学校の組織編制、教育課程、学習指導、生徒指導及び職業指導に関すること。

第48条　地方自治法第245条の4第1項の規定によるほか、文部科学大臣は都道府県又は市町村に対し、都道府県委員会は市町村に対し、都道府県又は市町村の教育に関する事務の適正な処理を図るため、必要な指導、助言又は援助を行うことができる。

2　前項の指導、助言又は援助を例示すると、おおむね次のとおりである。

一　（略）

二　学校の組織編制、教育課程、学習指導、生徒指導、職業指導、教科書その他の教材の取扱いその他学校運営に関し、指導及び助言を与えること。

以上の例のように、数多くの教育法規が、それぞれの教職生活や日々の業務の根拠となり、また、それらを支えるものとなっていることを見てきました。

教育法規の学習は味気ないものと感じたり、学校での実践とは縁遠いイメージをもっている人もいることと思います。各都道府県等教育委員会の教員採用選考試験の出題も条文の「穴埋め問題」などが多いことも事実です。

しかしながら、教育法規に基づいて学校教育は行われていることに鑑み、教員としての業務には教育法規が深く関わることを認識のうえ、教員としての各業務を頭に浮かべながら、意欲をもって教育法規関係の授業科目等でさらに理解を深められることを期待します。

●コラム19　指導要録とは

　指導要録とは、児童生徒の在学中の学習及び健康等の状況を記録した書類の原本をいい、学校が備えなければならない表簿の1つです。(「学校教育法施行規則」第24条第1項、第28条第1項第4号)

　この指導要録は、校長がその作成権限を有し、保存期間20年の「学籍に関する記録」と保存期間5年の「指導に関する記録」から構成されています。(同施行規則第28条第2項)

　児童・生徒が進学や転学をする場合、当該児童生徒の指導の継続性を確保し、円滑な引き継ぎを行うためには、その児童生徒に関する情報が必要となります。そのため、その作成に係る指導要録の抄本又は写しを作成し、これを進学(転学)先の校長に送付しなければならないことが義務づけられています。(同施行規則第24条第2項、第3項)

●コラム20　有給休暇とは

　休暇とは、勤務する者の側に発生する事由に基づき、割振りを受けた正規の勤務時間内において、勤務しないことが正当と認められる場合に、休むことを権利または勤務条件として保障する制度です。地方公務員法第24条第5項で、「職員の給与、勤務時間その他の勤務条件は、条例で定める。」と定められています。通

常、地方公務員には、年次有給休暇、病気休暇、特別休暇、介護休暇の4種類の休暇が認められています。

年次有給休暇は、年間原則20日間が保障されています。また、休暇残日数20日間を限度として翌年に繰り越すことが可能です。

病気休暇は、負傷または疾病のため療養する必要があり、勤務しないことがやむを得ないと認められる場合の休暇です。一定期間を超える場合は、診断書の提出を義務づけている例がほとんどです。

特別休暇は、選挙権の行使、結婚、出産、交通機関の事故その他の特別の事由により、勤務しないことが相当である場合に取得可能な休暇です。

介護休暇は、配偶者等特定の関係にあるものが、負傷、疾病または老齢により日常生活を営むのに支障がある場合、その介護を行うために取得が認められている休暇です。

これらの取得にあたっては、校長に届け出て受理され、承認されたのち実行にうつすことができます。

編集を終えて

　教師を志す若い皆さんのための書『教師の仕事の流儀と作法』をお読みいただき、いかがでしたか。本書では、それぞれの章を担当した執筆者自らの体験や経験をもとに学校現場の具体的な事例を挙げながら書き下ろしました。

　長年にわたって学校現場の一線で活躍してきた教職経験者の書として、本書は教師をめざす学生の皆さんのための貴重な指南書だと考えています。

　さて、文部科学省は平成29年3月31日、次期学習指導要領を告示しました。主体的・対話的で深い学びの推進が柱で、従来の学習指導要領が主に学ぶ内容について記述していたのに対し、初めて教育方法に重点を置いた内容となっています。これからの学校は、この趣旨をしっかりと見定め、子供たちが質の高い学びに挑戦できる機会を提供する場でなければなりません。また、学校は子供と教師とで織りなす学びを創造し合う場でもあります。この学びを創造し合う営みを通して、子供も教師も共に成長していくのです。

　人が何かを学んだことの証は、その人の中で何かが変わることです。すなわち、「学ぶことは変わること」なのです。学びとは、教材との出会いと対話であり、仲間や教師との出会いと対話であり、自己との出会いと対話です。学びは既知の世界から出発して未知の世界を探究する旅であり、既有の経験や能力を超えて、新たな経験と能力を形成する挑戦なのです。新しい学習指導要領でめざす主体的・対話的で深い学びを実現するためには、学校という組織も主体的・対話的でなければなりません。

　本書を手にされた皆さんが、本書との出会いと対話を通して自らの学びを深められ、「絶対に教師になる」という夢を実現されることを願っています。

　最後になりましたが、本書の出版を快くお引き受けいただき、丁寧なご指導をいただきました協同出版株式会社の小貫輝雄社長様をはじめ関係者の皆様に心からの謝意を申し上げます。本当にありがとうございました。また、本書を

熱い思いで読了いただきました読者の皆様に感謝を申し上げ、結びといたします。

　　平成29年４月

　　　　　　　　　　編集者　国立大学法人福岡教育大学参与　永冨淳一

監修・編集・執筆者一覧

【監修者】寺尾愼一（てらお しんいち）
　　現　　職　国立大学法人　福岡教育大学副学長、教職教育院院長
　　最終学歴　広島大学大学院教育学研究科博士課程前期修了（昭和51年）
　　主な経歴　福岡教育大学教授、福岡教育大学附属久留米小学校長、福岡教育大学附属学校部長、福岡教育大学学長
　　著　　書　『授業づくりの基礎・基本』（北大路書房）、『豊かな学びをひらく授業の構想』（梓書院）、教育の醍醐味『季刊　栄養教諭』（日本文化出版）

【編集者】永冨淳一（ながとみ じゅんいち）
　　現　　職　国立大学法人　福岡教育大学参与
　　最終学歴　福岡教育大学卒業（昭和45年）
　　主な経歴　福岡県教育庁北九州教育事務所指導主事、直方市教育委員会学校教育課課長、直方市立直方東小学校校長
　　著　　書　自信と誇りをもって教壇に立てる学生を育てるために『SYNAPSE』（ジアース教育新社）

【執筆者（執筆順）】

大和　淳（やまと あつし）……………………………………… 第1章
　福岡教育大学教授

山下英俊（やました ひでとし）………………………………… 第2章
　福岡教育大学特命教授（就職支援アドバイザー）

榎田也寸志（えのきだ やすし）………………………………… 第2章
　福岡教育大学特命教授（就職支援アドバイザー）

木原貞美（きはら さだみ）……………………………………… 第3章
　福岡教育大学特命教授（ボランティアコーディネーター）

羽原哲男（はばら てつお）……………………………… 第4章・第7章
　福岡教育大学特命教授（ボランティアコーディネーター）

水上栄一（みずかみ えいいち）………………………………… 第5章
　福岡教育大学特命教授（教育実習コーディネーター）

宮下修司（みやした しゅうじ）………………………………… 第6章
　福岡教育大学特命教授（就職支援アドバイザー）

坂田紳一（さかた しんいち）…………………………… 第4章・第7章
　福岡教育大学特命教授（ボランティアコーディネーター）

篠崎勝博（しのざき かつひろ）………………………………… 第8章
　福岡教育大学特命教授（教育実習コーディネーター）

日髙孝一（ひだか こういち）…………………………………… 第9章
　福岡教育大学特命教授（就職支援アドバイザー）

宮内健二（みやうち けんじ）…………………………………… 第10章
　福岡教育大学副学長

だれも教えてくれない教師の仕事の流儀と作法
　─信頼され、敬愛される教育者となるために─　ISBN978-4-319-00300-6
平成29年8月1日　第1刷発行

　監修者　寺尾愼一 ©
　編集者　永冨淳一 ©
　発行者　協同出版株式会社
　　　　　代表者　小貫輝雄
　　　　　〒101-0054　東京都千代田区神田錦町2-5
　　　　　　　　　　電話：編集 03-3295-6291　営業 03-3295-1341
　印刷者　協同出版・POD工場
　　　　　振替 00190-4-94061

乱丁・落丁はお取り替えします。定価はカバーに表示してあります。
本書の全部または一部を無断で複写複製（コピー）することは、著作権法上での例外を除き，禁じられています。